The Power of Darkness and the People of God

영적 전쟁의 실체

브라이언 브로더슨

홀리북스

영적 전쟁의 실체

저자	브라이언 브로더슨
번역	최모세
감역	이요나
편집	이태영

출판	홀리북스
등록	제2014-000225
주소	서울시 강남구 언주로 608 303
전화	02-546-3211
팩스	02-798-5412
가격	7,000원
ISBN	979-11-970990-1-4

초판인쇄 2020. 07. 28
초판발행 2020. 08. 03

역자 서문

이 땅에 사는 모든 사람들은 자신이 원하든 원치 않든 영적전쟁을 하고 있다. 사람들이 이 사실을 깨닫지 못하는 것은 두 부류의 세계가 같은 공간과 시간 속에서 공존하고 있기 때문이다. 더 큰 이유는 인간이 태어남으로부터 세상의 지배자 사탄의 권세 속에 설정되어 있기 때문이다.

그러나 하나님의 부르심에 응답하여 그 아들 예수 그리스도를 믿는 사람들은 그 믿음의 순간부터 자신들이 영적전쟁을 자각하며, 살아가는 동안 모든 삶의 상황들이 영적 다툼 속에서 일어난 것임을 깨닫게 된다.

이 책의 저자 브라이언 브로더슨 목사는 강해설교의 대가이며 갈보리채플 개척자 척 스미스 목사의 후계자로 코스타메사 갈보리채플 담임목사로 섬기며, 복음 사역자 양성의 요람 뮤리에타 갈보리채플 바이블 칼리지 총학장으로 척 스미스 목사님의 사역을 이어 가고 있다.

또한 브라이언 목사는 젊은 세대를 향한 도전적 목회를 실천하기 위하여 "Calvary Chapel Global Network"를 통하여 예수 그리스도 안에 있는 모든 교회들이 교파를 초월하여 예수 그리스도의 나라를 준비하는 초월적인 예수복음운동을 전개하고 있다.

브라이언 목사의 목회현실 속에서 체험하고 터득하고 저술한 영적 전쟁의 실체, "The Power of Darkness & The People of God"은 읽는 사람들에게 교회와 믿는 자들의 삶의 현실 속에 역사하는 영들의 실체를 밝히 보고 대응할 수 있는 영적 투쟁의 기술과 파워를 제공할 것이다.

갈보리채플 서울교회

이요나 목사

머리말

최근 몇 년 사이, 다시 새롭게 높은 관심을 갖게 된 것은, 우리가 사는 세상에 영향력을 미치는 능력있는 악한 영적존재에 의해 움직여지는 실재에 대한 인식이다. 이러한 영적인 어둠의 세력의 목적은 명료하다. 그는 이 땅에 하나님 왕국의 설립에 저항하고 반대하는 것인데, 그의 영향은 이 세상의 총체적인 지배와 각 사람들의 삶에 개입한다.

영적 전쟁에 대한 주제는 교계에서 여전히 많이 다루어지고 있지만, 이 책에서의 나의 초점은 어둠의 세력들과 일상적인 싸움을 하는 크리스천 개인들의 영적전쟁을 도우려는데 있다.

나의 영적전쟁에 대한 관심과 인식은 마이클 헤이져 박사(Dr.Michael Heiser)의 저서 "보이지 않는 세상"(The Unseen Realm_2015년)과 일치하는데, 이 호기심이 영적 전쟁과 그것에 대한 새로운 책을 쓰는 동기가 되었다.

최근 세상이 복잡해지면서 기독 도서계에서는 영적 갈등을 더 큰 우주적 그림에 초점을 두고 다루고 있다. 어쩌면 세상 사람들에게 이런 관점은 무가치하겠지만, 나는 최근 몇 년 동안 영적 전쟁의 이슈에 대한 신선한 관심을 갖게 되었다. 특별히 팀 맥키와 존 콜린스(Tim Mackie and Jon Collins)가 쓴 "성경작전"("The Bible Project)을 읽고 더욱 큰 매력을 얻었다. 왜냐하면 그들의 탐구는 헤이져 박사에 의해 나타난 아이디어들이었기 때문이다.

이 책이 한국의 독자들에게도 영적 승리를 위한 도전의 계기가 되기를 기도한다.

Brian Brodersen
Costa Mesa, California

목 차

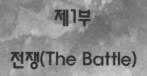

제1부

전쟁(The Battle)

"마귀의 간계를 능히 대적하기 위하여 하나님의 전신 갑주를 입으라 우리의 씨름은 혈과 육을 상대하는 것이 아니요 통치자들과 권세들과 이 어둠의 세상 주관자들과 하늘에 있는 악의 영들을 상대함이라"[에베소서 6:11,12]

전쟁의 실제

인류 역사의 어두운 밤이 그 절정의 마지막에 더 가까워질수록 선과 악 사이의 거대한 우주적 전쟁의 역사는 더 명백해진다. 그러나 분명한 것은 단지 철학적인 감각의 선과 악 사이의 전쟁이 아니라, 더 구체적으로 하나님과 마귀 사이의 전쟁이다.

예수 그리스도의 종들과 사탄의 보이지 않는 권세들 사이의 전쟁이다. 따라서 그 전쟁은 필연적으로 영적인 전쟁이다. 그 전쟁은 크리스천 남녀의 그리스도와의 관계에 대한 것이며, 피할 수 없는 것이다. 그 전쟁은 신체적인 눈이나 사람이 만든 무기들의 싸움으로 관찰되지 않는 것이지만, 영의 세계 안에 싸우는 전쟁이며, 영적인 수단들 즉 기도나 하나님의 진리의 선포, 그리고 거룩한 삶에 대한 것이다.

이 책은 크리스천의 이러한 영적 전쟁이 우리 매일의 삶 속에 실재한다는 인식을 높이기 위해 쓰여졌다. 또한 자주 오해하는 주제들에 대한 성경적인 균형을 가져올 것이라는 소망과 함께 쓰여졌다.

만약 이 땅의 크리스천들의 삶이 단지 예수님을 믿는 것으로 행복한 삶을 살 수 있다면 얼마나 좋을까? 그러나 주님을 진지하게 따르는 모든 사람들은 그와는 정반대라는 것을 발견하게 될 것이다. 이미 예수님은 그를 따르는 자들은 이 세상에서 환난과 박해를 받는 것이 그 징표가 될 것이라고 말씀하셨다.

훼방의 주요 근원은 하나님의 나라를 대적하기 위해 영들이 연합한 사탄이다. 원수들의 훼방은 다양한 상황들 속에서 수없이 다르게 나타나지만 모두 연결되어 있다. 적들이 방해하는 방식은 모두 다르지만, 그들은 모두 연결되어 있다. 우리는 다음과 같은 삶의 실상에서 그들의 모습을 체감한다.

– 우리는 그것을 이슬람 과격분자들이 빠르게 확산되는 것을 통해서 본다.

– 우리는 그것을 새롭고 공격적인 무신론의 출현에서 본다.

– 우리는 그것을 문화의 영역에 동성애 의제를 포함하려는 끊임없는 시도에서도 본다.

– 우리는 그것을 크리스천과 기독교를 비방하는 사회활동에서도 본다.

– 우리는 그것을 다시 유행하는 반유대주의(anti-Semitism)에서도 본다.

– 우리는 그것을 십계명의 표시에 대한 사법제도의 입장이나 공공기관에 걸린 십자가에 대한 사회여론에서 본다.

– 우리는 그것을 교회와 성경의 도덕적 표준에 대해 끊임없이 공격하는 언론에서도 본다.

– 우리는 그것을 생명의 기원을 설명하기 위한 신성한 창조에 대한 과학계의 비이성적인 증오에서도 본다.

– 우리는 그것을 직장이나 가족 구성원으로부터 오는 핍박에서도 본다.

– 우리가 성경 공부를 하려 할 때 생각을 흐리게 하는 혼란과 의심 속에서도 본다

– 우리가 기도하려 할 때 폭발하는 훼방 속에서도 본다.

– 우리가 믿음을 증거하려 할 때 엄습해 오는 두려움에서도 본다.

– 우리가 복음을 전하거나, 다른 신자들과 함께 믿음의 모임을 가질 때, 자주 나타나는 교리적 다툼에서도 본다. 이 외에도 너무 많다.

나는 모든 크리스천이 세상 어떤 사람들보다 더 강렬하게 이러한 적대감을 받는다고 확신한다. 또한 나는 많은 사람들이 이러한 상황적 어려움들이 치열한 영적 싸움의 일부라는 것을 깨닫지 못한다고 확신한다.

사탄의 가장 효과적인 전략 중 하나는 우리가 이러한 영적전쟁의 상황을 인식하지 못하게 하는 것이다. 그는 위장술이 뛰어나서 우리 삶 안에 실제로 무슨 일이 일어나고 있는지 인식하지 못하게 한다.

C.S. Lewis(루이스)의 말을 인용하면, 사탄은 영들의 세계를 믿지 않는 유물론자에게 만세를 부르며 좋아한다고 한다.[1] 우리 크리스천은 유물론자가 아니라서 C.S. Lewis의 말은 우리에게 직접적으로 적용되지 않겠지만, 그것은 우리를 둘러싼 세상과 영적 전쟁 속에서 실제로 적용된다.

우리 중 그 누구도 이러한 반대에 패배하고 싶어 하지 않기에, 영적 전쟁의 현실성에 대한 소개는 우리가 이 전쟁에서 주님께서 약속하신 승리로 가는 길에 도움이 될 것이다.

반대(The Opposition)

먼저 갈등의 이면에 있는 영적 배후를 생각해보자. 사탄과 그의 천사들. 마귀는 누구인가? 그는 실제 존재하는가? 아니면 단지 신화적 존재인가?

오늘날 많은 사람들은 마귀라는 개념은 단지 구 시대의 미신적 유물이라고 말한다. 그러나 예수님은 마귀의 실존에 대하여 인정하셨고, 예수님을 훼방하는 자들을 향하여 "너희는 너희 아비 마귀에게서 났으니 너희 아비의 욕심대로 너희도 행하고자 하느니라 그는 처음부터 살인한 자요 진리가 그 속에 없으므로 진리에 서지 못하고 거짓을 말할 때마다 제 것으로 말하나니 이는 그가 거짓말쟁이요 거짓의 아비가 되었음이라" (요 8:44) 증거하셨다.

또한 성경은 마귀가 정말 존재하였으며 그는 원래 하나님의 가장 영화로운 피조물이었으나, 그의 반역으로 인해 하나님의 대적이 되었다 기록하였다(이사야 14장; 에스겔 28장). 또한 성경은 그는 엄청난 능력 자이며, 지혜롭고, 가늠할 수 없을 정도로 사악하다고 증거한다. 성경은 또한 그가 하나님과 그의 백성들을 상대로 지속적인 전쟁 중임을 증거한다.

그는 자신과 유사한 피조물들의 무리의 우두머리이며 통치자이다. 바울은 이 악의 군대에 대해서 언급하기를 통치자들과 권세들과 이 어둠의 세상 주관자들과 하늘에 있는 악의 영들이라고 증거했다(에베소서 6:12). 이 모든 성경의 기록들은 그들이 영적 반대 집단임을 증거한다.

나는 이 영적 세력들을 생각할 때 루카스(Lucas)의 스타워즈의 제3제국의 영적 버전에 나오는 '황제의 군대'나 '다스베이더의 군대' 혹은 '사우론의 군대들'과 영국작가 톨킨(Tolkien)의 '히틀러의 실화'(non-fiction)에서 보는 것과 같이 이들은 모두 고도로 조직적이며, 극도로 강력하며 그들의 권위 아래에 모든 것을 가져올 수 있는 막강한 정권들같다.

예를 들어 로마제국의 통지제도를 보자. 카이샤는 로마황제로 군림하여 원로원의 조언에 따라 정책을 세웠다. 원로원은 회의의 결정 내용을 총독들과 통치자들에게 전달하여 그들의 결정을 수행하게 한다. 마찬가지로 사탄의 나라에는 정책을 만드는 고위 관리들과 정책을 수행하는 관리들이 있다.

이것이 사도 바울이 말한 "통치자들과 권세들과 이 어둠의 세상 주관자들과 하늘에 있는 악의 영들"인 것이다(에베소서6:12). 그러나 바울과 신약기자들만이 사탄의 권세에 대한 통찰을 증거한 것만이 아니다. 다니엘서는 우리에게 사탄의 왕국에 대한 더 큰 이해를 제공해 준다.

[다니엘 10:1-14]
1 바사 왕 고레스 제 삼년에 한 일이 벨드사살이라 이름한 다니엘에게 나타났는데 그 일이 참되니 곧 큰 전쟁에 관한 것이라 다니엘이 그 일을 분명히

알았고 그 환상을 깨달으니라

2 그 때에 나 다니엘이 세 이레 동안을 슬퍼하며

3 세 이레가 차기까지 좋은 떡을 먹지 아니하며 고기와 포도주를 입에 대지 아니하며 또 기름을 바르지 아니하니라

4 첫째 달 이십사일에 내가 힛데겔이라 하는 큰 강가에 있었는데

5 그 때에 내가 눈을 들어 바라본즉 한 사람이 세마포 옷을 입었고 허리에는 우바스 순금 띠를 띠었더라

6 또 그의 몸은 황옥 같고 그의 얼굴은 번갯빛 같고 그의 눈은 횃불 같고 그의 팔과 발은 빛난 놋과 같고 그의 말소리는 무리의 소리와 같더라

7 이 환상을 나 다니엘이 홀로 보았고 나와 함께 한 사람들은 이 환상은 보지 못하였어도 그들이 크게 떨며 도망하여 숨었느니라

8 그러므로 나만 홀로 있어서 이 큰 환상을 볼 때에 내 몸에 힘이 빠졌고 나의 아름다운 빛이 변하여 썩은듯하였고 나의 힘이 다 없어졌으나

9 내가 그의 음성을 들었는데 그의 음성을 들을 때에 내가 얼굴을 땅에 대고 깊이 잠들었느니라

10 한 손이 있어 나를 어루만지기로 내가 떨었더니 그가 내 무릎과 손바닥이 땅에 닿게 일으키고

11 내게 이르되 큰 은총을 받은 사람 다니엘아 내가 네게 이르는 말을 깨닫고 일어서라 내가 네게 보내심을 받았느니라 하더라 그가 내게 이 말을 한 후에 내가 떨며 일어서니

12 그가 내게 이르되 다니엘아 두려워하지 말라 네가 깨달으려 하여 네 하나님 앞에 스스로 겸비하게 하기로 결심하던 첫날부터 네 말이 응답 받았으므로 내가 네 말로 말미암아 왔느니라

13 그런데 *바사 왕국의 군주가 이십일 일 동안 나를 막았으므로 내가 거기 바사 왕국의 왕들과 함께 머물러 있더니* 가장 높은 군주 중 하나인 미가엘이 와서 나를 도와주므로

14 이제 내가 마지막 날에 네 백성이 당할 일을 네게 깨닫게 하러 왔노라 이는 이 환상이 오랜 후의 일임이라 하더라"

천사가 하는 말을 주의해 보라; "그러나, 페르시아 통치자가 나를

21일 동안 막았느니라." 고레스가 당시 페르시아 왕이었다. 그러나 그가 이 천사적 전달자를 막지는 않았을 것이다. 이 언급은 페르시아 제국의 영적인 힘에 대한 것이다.

천사가 "바사 왕국의 군주가 이십일 일 동안 나를 막았으므로 내가 거기 바사 왕국의 왕들과 함께 머물러 있더니"라고 말한 것을 주목해 보라. 고레스는 당시 페르시아(바사)의 왕이었다, 그러나 그는 이 천사와 같은 사자를 막는 사람은 아니었다. 이는 페르시아 제국 뒤에 올 막강한 영적인 권세에 대한 언급이다.

이와 유사한 언급은 이사야서 14장과 에스겔서 28장에도 나타나는데, 선지자들이 바빌론과 두로의 왕을 대적하여 예언한 것이다. 하나님의 말씀을 받은 선지자들은 때를 가리지 않고 또 어떤 설명도 없이 이 지상의 통치자들 배후에 있는 영적인 권세에 대해서 예언하였다.

[이사야 14:12-13]
"너 아침의 아들 계명성이여 어찌 그리 하늘에서 떨어졌으며 너 열국을 엎은 자여 어찌 그리 땅에 찍혔는고 네가 네 마음에 이르기를 내가 하늘에 올라 하나님의 뭇 별 위에 내 자리를 높이리라 내가 북극 집회의 산 위에 앉으리라"

[에스겔 28:12-15]
"너는 완전한 도장이었고 지혜가 충족하며 온전히 아름다웠도다 네가 옛적에 하나님의 동산 에덴에 있어서 각종 보석 곧 홍보석과 황보석과 금강석과 황옥과 홍마노와 창옥과 청보석과 남보석과 홍옥과 황금으로 단장하였음이여 네가 지음을 받던 날에 너를 위하여 소고와 비파가 준비되었도다 너는 기름 부음을 받고 지키는 그룹임이여 내가 너를 세우매 네가 하나님의 성산에 있어서 불타는 돌들 사이에 왕래하였도다 네가 지음을 받던 날로부터 네 모든 길에 완전하더니 마침내 네게서 불의가 드러났도다"

이러한 성구들은 의심의 여지 없이 우리가 사는 물질세계가 단지 나타나 있는 것만이 아니라는 결론을 갖게 한다. 또한 분명한 것은 이 세상은 영적인 차원이 있으며, 실제로 높은 곳의 악한 영들에 의해 다스려진다는 것이다. 그러므로 우리는 이와 같은 성경적인 진리를 필수적으로 인지해야 한다.

이 보이지 않는 나라의 또 다른 예를 신약 성경에서 찾아보자. 당신은 주께서 언제 시험을 받으셨는지 기억하는가? 사탄이 그에게 이 세상의 모든 왕국과 그의 영광을 보여주며 말하기를 "이 모든 권위와 그 영광을 내가 네게 주리라 이것은 내게 넘겨 준 것이므로 내가 원하는 자에게 주노라"(누가복음 4:6) 하였다.

이 때 예수님도 세상의 나라를 통치하는 사탄의 권위에 대한 권리 주장이나 그가 원하는 사람에게 통치권을 줄 수 있는 권위에 대해서 이의를 제기하지 않으셨다. 실제로 예수님은 그를 가리켜 "이 세상 임금"(요한복음 14:30)이라고까지 말씀하셨다.

그러므로 이 땅에 살고 있는 우리는 이러한 성경적 사실을 이해하는 것이 우리의 영적 생활을 위해 매우 중요하다. 그러나 불행하게도 많은 크리스천이 모든 것을 단지 자연스러운 과정의 결과라고 생각하는 세상 사람들의 생각과 삶의 방식을 그대로 답습하고 있다. 이것이 우리의 현실적인 비극이다. 분명히 바울은 "우리의 싸움은 혈과 육을 상대하는 것이 아니라"고 증거했다(에베소서 6:12). 그러므로 우리 그리스도인들은 성경의 말씀들을 기억해야 한다.

갈등(The Conflict)

다음으로 우리가 고려해야 할 것은 '전쟁(THE BATTLE)'이라는 단어로 표현되는 영적 갈등이다. 영적전쟁에는 두 가지 측면이 있다. 하나는 하나님의 세력과 사탄의 세력이 싸우고 있다는 일반적인 관점이며, 또한 한 개인이 악한 영들과 현실 속에서 싸우는 아주 개인적인 관점이다.

이것은 레슬링 경기와 같다. 이것은 아주 흔한 일이며 세밀하고 개인적이고 매우 치명적이다. 크리스천으로서 당신은 실제적인 사회 생활 속에서 스토킹 당하고, 폭행당하며 정기적으로 연구대상이 되고 있다. 이 현실을 깨닫지 못하면 갈등의 희생자가 될 수 있다.

아마 어쩌면 당신은 "잠깐. 너무 지나친 거 아니야? 내가 마귀에게 연구 대상이 되고, 스토킹 당하고, 폭행당하고 있다고? 당신은 광신도 같아!"라고 생각할지도 모른다. 그러나 나는 광신도가 아니라 성경적인 사람이라고 당신에게 장담할 수 있다. 나는 단순히 성경의 일반적인 가르침과, 단지 욥의 경우처럼 현실적인 상황들이 구체적으로 일어나는 것을 말하고 있는 것이다.

[욥기 1:6-10]
"하루는 하나님의 아들들이 와서 여호와 앞에 섰고 사탄도 그들 가운데에 온지라 여호와께서 사탄에게 이르시되 네가 어디서 왔느냐 사탄이 여호와께 대답하여 이르되 땅을 두루 돌아 여기저기 다녀왔나이다 여호와께서 사탄에게 이르시되 네가 내 종 욥을 주의하여 보았느냐 그와 같이 온전하고 정직하여 하나님을 경외하며 악에서 떠난 자는 세상에 없느니라 사탄이 여호와께 대답하여 이르되 욥이 어찌 까닭 없이 하나님을 경외하리이까 주께서 그와 그의 집과 그의 모든 소유물을 울타리로 두르심 때문이 아니니이까 주께서 그의 손으로 하는 바를 복되게 하사 그의 소유물이 땅에 넘치게 하셨음이니이다"

이와 같이 사탄은 욥을 연구했으며 욥을 스토킹했다. 그리고 하나님의 승인이 떨어지자 사탄은 곧바로 욥과 그의 가족을 몰살하였다. 이와 같은 사탄의 전략은 수 세기가 지나도 변하지 않았다. 오늘날도 당신과 나는 욥이 경험한 것과 같은 류의 공격을 받고 있다.

이 말을 하는 나의 의도는 당신에게 혼란을 불러일으키기 위한 것이 아니라 성경적 관점을 통해 세상과 자신의 개인적인 경험을 볼 수 있도록 돕는 것이다. 그러므로 오늘날 크리스천은 그 어느 때보다 더 영적인 영역에 대한 믿음과 이해를 포함하는 성경적 세계관이 필요하다.

전쟁은 여호와의 것(The Battle Is the Lord's)

이제 우리는 우리가 살펴본 영적 전쟁의 실체 속에서, 이 보이지 않는 전쟁에서 어떻게 살아남을 지에 대하여 배울 필요가 있다.

그 중에 가장 중요한 전략적 요소는;
- 첫째로 기억해야 하는 것은 "전쟁은 여호와께 속한 것"이다(사무엘상 17:47).
- 그러므로 우리는 "주 안에서와 그 힘의 능력으로 강건해야 한다"(에베소서 6:10).

불행하게도 죄성을 갖고 태어난 우리는 어둠의 힘을 이길 능력이 없다. 그러므로 내가 완전한 승리를 하려면 이길 수 있는 능력을 주님으로부터 이끌어야 한다. 그를 위하여 다윗과 여호사밧이 어떻게 승리를 쟁취하였는가를 확실하게 인지해야 할 필요가 있다.

다윗이 골리앗을 대면했을 때, 다윗은 하나님의 능력 안에 서 있음을 분명히 했다. 다윗이 블레셋 사람에게 이르되;

[사무엘상 17:45-47]
"너는 칼과 창과 단창으로 내게 나아 오거니와 나는 만군의 여호와의 이름

곧 네가 모욕하는 이스라엘 군대의 하나님의 이름으로 네게 나아가노라 오늘 여호와께서 너를 내 손에 넘기시리니 내가 너를 쳐서 네 목을 베고 블레셋 군대의 시체를 오늘 공중의 새와 땅의 들짐승에게 주어 온 땅으로 이스라엘에 하나님이 계신 줄 알게 하겠고 또 여호와의 구원하심이 칼과 창에 있지 아니함을 이 무리에게 알게 하리라 전쟁은 여호와께 속한 것인즉 그가 너희를 우리 손에 넘기시리라"

또한 여호사밧 왕이 적으로부터의 구원을 여호와께 외쳤을 때, 선지자 야하시엘이 대답하였다;

[역대하 20:15]
"온 유다와 예루살렘 주민과 여호사밧 왕이여 들을지어다 여호와께서 이같이 너희에게 말씀하시기를 너희는 이 큰 무리로 말미암아 두려워하거나 놀라지 말라 이 전쟁은 너희에게 속한 것이 아니요 하나님께 속한 것이니라"

이와 같이 우리가 마귀들의 역사 앞에서 두려움과 낙심으로 넘어지지 않으려면 성경에 기록된 말씀과 진리들을 기억하는 것이 매우 중요하다.

우리의 전쟁 무기(The Weapons of Our Warfare)

기억해야 할 또 다른 중요한 진리는 우리의 전쟁 무기는 육신적인 것이 아닌 하나님 안에서의 능력이다.

"우리의 싸우는 무기는 육신에 속한 것이 아니요 오직 어떤 견고한 진도 무너뜨리는 하나님의 능력이라 모든 이론을 무너뜨리며 하나님 아는 것을 대적하여 높아진 것을 다 무너뜨리고 모든 생각을 사로잡아 그리스도에게 복종하게 하니" [고린도후서 10:4-50]

육신적이란 영적인 것의 대립되는 용어로서 단지 '사람의 것'이라는 뜻이다. 하나님의 능력을 떠나, 우리 모든 힘을 결합한 것으로는 어둠의 능력을 대항하기에는 역부족이다. 우리가 싸우는 것은 영적인 싸움이기 때문에 절대적으로 영적인 무기가 필요하다. 그것이 정확히 하나님께서 우리에게 공급하시는 무기이다.

여기서 하나님 안에 있는 '능력의 무기'라는 단어는 "역동적으로 힘이 있는"으로 번역될 수 있다.

- 우리의 승리를 위해 하나님은 더욱 더 공급하셨다.
- 우리는 이미 사용할 수 있는 것을 바로 활용해야 한다.
- 하나님께서 우리에게 주신 "무기들"은 무엇인가?
- 하나님의 말씀과 성령과 예배(기도)이다.

우리가 성공적인 "믿음의 선한 싸움"을 하기 위해서는 철저하게 이것들로 충만해 있어야 한다. 이러한 "하나님의 능력"의 무기들에 대해서는 뒤에서 더 깊게 다루기로 하고 여기서는 우리 대적에 대해 깊게 고려해 보자.

제2부

이 세대의 신(The God of This Age)

"어느날 하나님의 아들들이 여호와 앞에 자신들을 보이던 때가 있었고, 사탄도 그들과 함께 왔다. 그리고 여호와께서 사탄에게 이르시길 네가 어디에서 오느냐? 하셨더니, 사탄이 여호와께 대답하여 이르되 땅을 두루 돌아 여기저기 다녀왔나이다"[욥기 1:6,7]

자연세계(The Natural Realm)

[욥기 1:6,7]
"어느날 하나님의 아들들이 여호와 앞에 자신들을 보이던 때가 있었고, 사탄도 그들과 함께 왔다. 그리고 여호와께서 사탄에게 이르시길 네가 어디에서 오느냐? 하셨더니, 사탄이 여호와께 대답하여 이르되 땅을 두루 돌아 여기저기 다녀왔나이다"

이 말씀 속에서 우리 적 사탄이 실제로 살아있고, 지구 상에 있음을 볼 수 있다. 이제 세상에서의 마귀의 활동들을 살펴보자.

- 질문: 그가 무엇을 하고 있는가?
- 해답: 대부분의 사람들이 깨닫는 것보다 훨씬 더 많은 것을 하고 있다.

첫째로 자연의 세상에서의 사탄의 활동을 생각해 보자. 성경은 사탄이 물질세계에 어느 정도의 능력을 행사하고 있음을 증거하고 있다. 따라서 우리가 흔히 "자연 재해" 혹은 "하나님의 역사"라고 언급하는 많은 일들이 실상은 사탄의 역사의 나타남이다.

그렇다고 지금 나는 모든 재앙이 사탄의 활동의 결과라고 말하는 것은 아니다. 그러나 당신이 이러한 재앙으로 인한 죽음과 멸망을 하나님의 탓으로 돌리게 될 때, 실제로 많은 이러한 사건들은 사탄의 작품이라는 것으로 추정할 수 있다.

보편적으로 사탄은 이 세상에서 흔히 말하는 천재(天災) 곧 자연 세계의 재앙을 조종하여 멸하고, 또 낙심케 하여 하나님의 역사를 패배시키려 한다. 이것에 대한 성경적인 관점을 우리는 욥기에서 다시 볼 수 있다.

[욥기 1:8-19]

8 여호와께서 사탄에게 이르시되 네가 내 종 욥을 주의하여 보았느냐 그와 같이 온전하고 정직하여 하나님을 경외하며 악에서 떠난 자는 세상에 없느니라

9 사탄이 여호와께 대답하여 이르되 욥이 어찌 까닭 없이 하나님을 경외하리이까

10 주께서 그와 그의 집과 그의 모든 소유물을 울타리로 두르심 때문이 아니니이까 주께서 그의 손으로 하는 바를 복되게 하사 그의 소유물이 땅에 넘치게 하셨음이니이다

11 이제 주의 손을 펴서 그의 모든 소유물을 치소서 그리하시면 틀림없이 주를 향하여 욕하지 않겠나이까

12 여호와께서 사탄에게 이르시되 내가 그의 소유물을 다 네 손에 맡기노라 다만 그의 몸에는 네 손을 대지 말지니라 사탄이 곧 여호와 앞에서 물러가니라

[욥기 1:13-19]

13 하루는 욥의 자녀들이 그 맏아들의 집에서 음식을 먹으며 포도주를 마실 때에

14 사환이 욥에게 와서 아뢰되 소는 밭을 갈고 나귀는 그 곁에서 풀을 먹는데

15 스바 사람이 갑자기 이르러 그것들을 빼앗고 칼로 종들을 죽였나이다 나만 홀로 피하였으므로 주인께 아뢰러 왔나이다

16 그가 아직 말하는 동안에 또 한 사람이 와서 아뢰되 하나님의 불이 하늘에서 떨어져서 양과 종들을 살라 버렸나이다 나만 홀로 피하였으므로 주인께 아뢰러 왔나이다

17 그가 아직 말하는 동안에 또 한 사람이 와서 아뢰되 갈대아 사람이 세 무리를 지어 갑자기 낙타에게 달려들어 그것을 빼앗으며 칼로 종들을 죽였나이다 나만 홀로 피하였으므로 주인께 아뢰러 왔나이다

18 그가 아직 말하는 동안에 또 한 사람이 와서 아뢰되 주인의 자녀들이 그들의 맏아들의 집에서 음식을 먹으며 포도주를 마시는데

19 거친 들에서 큰 바람이 와서 집 네 모퉁이를 치매 그 청년들 위에 무너지므로 그들이 죽었나이다 나만 홀로 피하였으므로 주인께 아뢰러 왔나이다 한지라

이것이 사탄이 자연세계를 조종해서 하나님께 대항하는 전형적인 예다. 하늘에서 내려와 가축들과 종들을 멸망시킨 불과 욥의 자녀들을 죽이고, 집을 무너뜨린 바람은 사탄 역사의 직접적인 결과다. 그럼에도 사환은 그 불이 "하나님의 불"같다고 말했다. 이와 같이 사탄은 생명들을 죽이고 하나님을 원망하도록 한다. 사탄은 오늘날에도 여전히 그렇게 행한다.

지진과 불, 홍수, 혹은 폭풍의 피해자들은 어쨌든 자신들의 비극을 하나님에게 책임을 전가하려 한다. 신문이나 TV 보도들도 어떻게든 하나님을 비난하는 감정을 반영한다. 자연 재해 외의 세상에서 일어나는 일들에 대해 하나님을 비난하는 의도들이 나타나며, 이런 현상은 테러리스트의 뉴욕과 워싱턴 DC.의 공격에서도 나타난다.

욥의 사례와 같이 나는 이러한 공격의 진정한 주범은 사탄이라고 믿는다. 마귀라는 단어의 뜻은 "참소자" 혹은 "고발자"이다. 사탄은 자연의 천재를 부추기고 사망과 멸망을 이끌며 이러한 모든 일을 하나님 책임으로 고발한다. 비극적인 것은 대부분 사람들이 그의 광고를 믿는 것이다.

나는 지금 지진과 홍수, 태풍이 사탄의 역사라고 말하는 것인가? 나의 대답은 모든 것이 다는 아니겠지만, 우리 생각보다 더 많다는 것이다.

사탄의 목표 곧 '죽이고 멸망시킴'을 생각해볼 때 자연 재해는 그가 일할 수 있는 훌륭한 무대를 제공한다.

사람 속의 역사(Human Affairs)

사탄은 여기서 멈추지 않는다! 사람의 일들 속에서도 그는 여전히 바쁘다. 국제 정치, 미디어, 학계, 엔터테인먼트 산업 혹은 세계의 유행과 패션에 관계없이 그의 영향력을 부인할 수 없다. 바울은 사탄을 "공중의 권세 잡은 자, 곧 지금 불순종의 아들들 가운데서 역사하는 영" 이라 진술했다(에베소서 2:2).

진화론적 이론에서 막시스트와 포스트 모더니즘 철학으로, 인종주의에서 다문화주의로, 성혁명에서 동성결혼과 트랜스젠더리즘으로, 깨어진 가정에서 인신매매와 폭력범죄, 알코올중독 그리고 약물 중독으로 사탄의 광범위한 역사는 그 증거가 명확하다.

미움과 폭력, 사망과 멸망, 고통과 비극은 역사의 시작부터 오늘날까지 광범위하게 모두 마귀의 활동에서 기인한다고 할 수 있다. 또한 사탄의 능력은 아돌프 히틀러라는 사람과 그가 세계 정복을 위해 시도했던 사건들 안에서 명백히 드러났다. 이와 같이 사탄은 자기의 목적을 위해 사람의 인성까지도 지배한다.

만일 당신이 마귀가 어떠할지 가까이에서 직접보고 싶다면 히틀러의 제 3제국의 행동과, 제 2차 세계 대전의 잔혹 행위, 특히 유대민족에게 시도했던 대량학살을 생각하면 알 수 있다.

공산주의자는 사탄의 실제 성격의 또 다른 예를 제공한다. 마르크스주의 지지자들 사이에서 널리 퍼져있던 급진적인 적그리스도의 영으로 죽임 당한 수백만의 사람들을 생각해 보라.

루마니아 공산정권 하에서 막중한 박해를 당한 리차드 웜브랜드(Richard Wurmbrand)는 마르크스와 사탄이라는 책에서 '마르크스가 일찍부터 사타니즘에 가담한 것'에 대하여 기록했다. 그러므로 사탄을 가볍게 생각하면 안된다. 오히려 그는 할 수 있는 만큼 많은 사람들을 멸망시키기 위해 결심한 무서운 짐승으로 간주해야 한다.

이집트 크리스천 형제들이 오렌지색 죄수복을 입고 참수형의 행렬로 향하는 것을 상상해 보라. 가장 최근 증거는 무슬림 극단주의자와 그들의 살인적인 학살이 그들이 불신자로 여기는 모든 자를 대적해서 사탄적인 증오가 표출되는 것이다.

그렇다. 이러한 끔찍한 행위는 사람들에 의해 가해지고 있지만, 그러한 악한 배후는 예수님이 말씀하신 바와 같이 '그는 처음부터 살인자'로부터 기인한 것이다. 그러나 경악할 일은 마귀는 실제로 사도 요한이 말한 것처럼, "온 세상은 악한 자 안에 처해 있다"는데 있다(요한일서 5:19).

거짓종교(False Religion)

또 다른 마귀의 활동은 거짓종교로 나타난다. 이것이 사탄의 최고 작품이며, 아마 그가 가장 크게 영향력을 발휘하는 수단일 것이다. 그것은 또한 그의 가장 치명적인 무기이다. 왜냐하면 사람의 영혼을 직접 겨냥하기 때문이다.

마귀의 궁극적인 목표는 그리스도안에 있는 구원으로부터 사람의 영혼을 멀어지게 하는 것이며, 그는 그의 능력 안에서 무엇이든 할 것이다. 심지어 사람들을 종교적인 헌신으로 부추기면서 그가 바라는 결과를 얻도록 할 것이다.

사도 바울은 "사탄도 스스로를 광명한 천사로 나타낸다" 증거했다(고린도후서 11:14). 그러므로 그는 많은 사람들을 거짓 종교 시스

템으로 진리에 눈 멀게 한다. 바울의 증언처럼;

"만일 우리의 복음이 가리었으면 망하는 자들에게 가리어진 것이라, 그 중에 이 세상의 신이 믿지 아니하는 자들의 마음을 혼미하게 하여 그리스도의 영광의 복음의 광채가 비치지 못하게 함이니 그리스도는 하나님의 형상이니라"[고후 4:3-4]

실제로 소위 말하는 세계의 큰 종교들은 사람의 영혼을 영원히 멸하려는 사탄적인 위조품이다. 어떤 이는 이 말이 너무 극단적이라 생각할 수 있겠지만, 성경을 신중하게 본다면 이것이 유일한 결론이다. 어떤 이들은 모든 종교가 본질적으로 같은 것을 가르치고 모두 같은 효력이 있다고 주장한다. 그러나 힌두교와 불교, 이슬람교, 몰몬교를 기독교와 비교해보아도 이 주장은 옳지 않다는 것을 보여준다.

힌두교는 수 백만의 신이 있다고 가르치지만, 기독교는 유일한 하나님을 주장한다. 또한 불교와 기독교의 비교도 같은 것을 보여준다. 불교는 전혀 신에 대한 믿음과 관련이 없다. 불교는 본질적으로 무신론이다.

또한 이슬람교는 예수 그리스도가 하나님의 유일한 아들이라는 기독교 핵심 신앙을 부인한다. 더 나아가 몰몬교와 같은 가짜 기독교이단, 곧 여호와의 증인도 사탄적인 위조의 예이다. 그러나 마귀의 활동은 이러한 다른 종교에만 국한되지 않는다.

우리는 교회 안에서도 마귀의 활동을 볼 수 있다. 개신교 교파의 주요 교리에서 많은 사람이 실제로 믿음에서 떠났다. 그들은 예수 그리스도가 육체로 오신 하나님이라는 것과 혹은 처녀에게서 태어난 것을 실제로 믿지 않는다.

또한 그들은 예수 십자가의 구속적 죽음과 혹은 죽음에서 실제 몸으로 부활한 것을 더 이상 믿지 않는다. 그들은 성경이 하나님의 말씀인 것을 믿지 않고, 성경이 가르치는 대부분의 것을 노골적으로 거절한다. 결국 그들은 로마 카톨릭의 이상한 믿음과 행함과 같은 범주에 포함될 것이다.[2]

이와 같이 사탄은 확실하게 현실 속에서 활동하고 있다. 그는 자연을 조종해서 사람들에게 재앙을 내리고, 사회 속에서도 일하여 독재와 전쟁으로 이끄는 다양한 철학을 통해 사람들을 압제하고 거짓 종교를 퍼뜨리는 일을 하여 사람들의 영혼을 훔치고 영생을 도둑질 하는 일에 분주하다.

우리가 세상에서의 사탄의 활동들을 더 인지할 수 있다면 기도의 강력한 무기와 복음전파에 열정을 갖도록 자극할 것이다. 그 이유는 우리의 기도를 통해 자연의 재앙 속에 오히려 하나님의 역사가 나타나는 기회가 될 수 있다. 기도와 복음전파를 통해 하나님께서 사람들의 일에 개입하셔서 성령을 부어주시고 급진적으로 변화하게 하는 것이다.

개신교의 '위대한 각성'(The Great Awakening)은 불리한 조건들 속에서 그리스도의 사역을 성취하는 좋은 예가 된다. 복음전파로 거짓종교로 인해 눈이 먼 사람들에게 자유를 주고 그리스도의 구원의 지식으로 이끈다.

지혜로운 군사 전략가라면 적군의 전략을 알아내는 것이 중요하다. 우리가 마귀의 간계를 충분히 이해할수록 더 효과적인 승리를 이루게 될 것이며 다른 사람도 그렇게 하도록 도울 수 있다. 그러므로 이제 마귀의 활동의 또 다른 측면을 살펴 보자 바로 "마귀의 간계"이다.

제3부

마귀의 간계(The Wiles of The Devil)

"마귀의 간계를 능히 대적하기 위하여 하나님의 전신 갑주를 입으라"
"모든 것 위에 믿음의 방패를 가지고 이로써 능히 악한 자의 모든 불화살을 소멸하고"[에베소서 6:11,16]

불화살

"마귀의 간계"와 "악한 자의 화전"의 활동 범위는 넓지만 의심할 수 없는 것은 사탄의 공격이 우리 마음과 감정들을 향한 것도 포함된다는 것이다. 그러므로 정죄, 의심, 두려움, 악한 생각 그리고 우울은 그의 공격으로부터 온다.

이제 사탄이 우리 마음과 감정들에 어떻게 접근하는 지에 대해서는 이해가 요구되지 않지만 그가 할 수 있다는 것은 성경과 오랜 교회 역사 속에 많은 하나님의 종들의 증언을 통해 분명히 나타난다.

- "마귀의 간계"의 두 가지 예를 생각해 보자.
- 하나는 성경에서, 그리고 다른 하나는 교회 역사에서 보자.

첫 번째는 사도 베드로와 관련되며, 마태복음 16장에 기록되어 있다.

[마 16:15,16]
"예수께서 제자들에게 물으시길 너희는 나를 누구라 하느냐? 시몬 베드로가 대답하여 이르되, 당신은 그리스도시요, 살아계신 하나님의 아들이니이다. 예수님은 그의 대답을 칭찬하시며, 바요나 시몬아 네가 복되도다, 이것을 네게 계시하신 것은 혈과 육이 아니요, 하늘에 계신 내 아버지이니라."

그리고 나서 예수께서 앞으로 다가올 예루살렘 지도자들에 의한 거절과 십자가 위에서의 대속적인 죽음에 대해 말씀하실 때, 베드로는 의미심장하게 자신의 큰 고백을 하게 된다.

[마 16:22,23]
"예수님을 붙잡고 항변하며 이 일이 결코 주께 미치지 아니하리이다. 예수

께서 돌아서서 베드로에게 말씀하시기를, 사탄아 내 뒤로 물러가라! 너는 나를 넘어지게 하는 자라, 이는 네가 하나님의 일을 생각지 않고, 사람의 일을 생각 함이라."

베드로에게 하신 예수님의 반응이 오늘 나의 주장의 요점을 설명한다. 첫 번째 경우에서 베드로의 마음은 주로부터 영향을 받은 것이었다. 그러나 몇 분 후에 베드로는 사탄의 영감을 받은 생각을 한다. 두 번째 강력한 예로 신자의 마음을 향한 원수의 공격으로 천로역정의 저자 존 번연의 삶에 나타난다.

존 번연은 '은총'이라는 자서전에서 자신의 경험들을 다음과 같이 기록하였다;

– 한 달 동안 매우 큰 폭풍이 내게 몰려왔고, 그것은 내가 전에 만났던 모든 어떤 것보다 20배나 더 악하게 나를 붙잡았다. 그것은 나를 빼앗기 위해 왔고, 하나가 지나가면, 또 다른 하나가 왔다.

– 첫째로, 그것은 내 모든 평안을 빼앗아 갔고, 어둠이 나를 붙잡았으며, 다음엔 신성모독의 홍수가 하나님과 그리스도께 그리고 성경을 대적하여 내 영혼에 부어져 나는 큰 혼란과 놀람을 경험했다.

– 이러한 신성모독의 생각들은 내 안에 많은 질문을 불러 일으켜 하나님의 존재와 그분의 사랑하는 독생자를 대적했다. 진실로 하나님과 그리스도가 존재하는 것인지 아닌지, 그리고 성경이 거룩하고 순수한 하나님의 말씀이라기보다 단지 동화나 속임수 이야기는 아닌지..

시험하는 자는 이와 같은 생각들로 나를 많이 공격했다;

"우리가 예수님의 존재를 증명해야 하는 것 같이 무슬림이 그들의 구원자 모하메드를 증명하는 어떤 성경을 가졌다면 당신은 뭐라 말하겠는가? 그렇다면 전세계 수많은 크리스천들이 생각하는 것처럼 그들은 천국으로 가는 진리의 지식이 없다고 말할 수 있을까? 만일 진정으로 천국이 있다면, 지구의 한 쪽 구석에 살고 있는 우리만 축복을 홀로 받아야 한다고 생각할 수 있는 것일까?"

모든 사람들은 자신의 종교가 옳다고 생각한다. 유대인이나 무슬림이나 그리고 이교도들도 모두 그렇게 생각한다. 그들의 주장과 같이 만일 이 땅의 모든 신앙들과 그리스도와 성경이 모두 같은 것이라면 과연 나의 생각은 옳다고 할 수 있는가?

때론 나도 이러한 제안들에 논쟁하기 위해 노력했고, 특히 바울의 몇몇 문장들을 대적하기도 했다. 그러나 내가 '이러한 논쟁을 했을 때' 내 안에 슬픔이 빠른 속도로 느껴왔다.

비록 우리가 바울과 그의 가르침에 크게 의미를 두지만 '바울 자신이 속이는 자가 아니었고 그의 동료들을 망하게 하지 않는다'는 것을 내가 어떻게 확신할 수 있을까? 그런 논쟁들은 마치 이것들이 사람들에게 다시 돌아오는 것 같이 반복된다.

감히 이 논쟁들을 다시는 하지 않을 것이고 앞으로 발설조차도 하지 않을 것이지만 말이나 펜으로도 쓰지 않을 것임에도 내 심령 안에 그러한 반항의 생각들이 발작을 일으켰다. 거기에 수적으로 우세한 그들의 계속적인 맹렬한 위협이 내 마음을 압도했다. 그래서 어떤 날은 마치 아침부터 저녁까지 이런 망령된 주제들만이 내 안에 가득 차 있는 것 같았다.

그럴 때에는 다른 것을 위한 여유가 없었고 또한 내 혼에 하나님의 진노가 임했고 하나님은 나를 그것들에 넘기셨으며 그 순간 마치 내 혼이 강한 회오리 바람 속에 날아가는 것처럼 그들 속에 휩싸일 것이라고 단정되었다. 또한 그들이 내 심령에 준 불쾌감으로 인해 내 안에 그들을 포용하기를 거절하는 그 뭔가가 생겨남을 느꼈다. 그러나 그것은 하나님께서 '나에게 짧은 안도의 순간을 주셨을 때'만 그렇게 생각했고, 반대로 혼란과 유혹들의 힘이 나를 잠식시키고 흘러 넘쳤다. 이것은 마치 그런 생각들 곧 모든 기억들을 묻어버린 것 같았다.

내가 이러한 유혹에 있는 동안 나는 베드로와 같이 부인하고 맹세하기 위해 순간적으로 내 마음에 떠오른 것을 찾아야 했다. 혹은 하나님을 혹은 그리스도를 혹은 그의 아들과 성경에 대적하여 그 어떤 것을 말하기 위해 그런 상황에 처했다.

- 현재 나는 분명 내가 마귀에 씌었다고 생각했다.
- 다른 때에도 나는 유머감각을 잃었다고 생각했다.

왜냐하면 내가 만일 주님의 말씀을 듣는다면 다른 사람과 함께 주 하나님을 찬양하고 높이는 것 대신에 현재 가장 무서운 신성모독적인 생각이나 다른 것이 그분을 대적하는 내 마음의 나사를 풀리게 할 것 같았기 때문이었다.

그런 생각들로 인해서 나는 하나님이 계시다고 생각했던지 혹은 다시 그런 것은 없다고 생각했던지 간에 사랑도 없고, 평안도 없고, 은혜로운 기분도 내 안에서는 느낄 수가 없었다. 이러한 것들이 나를 깊은 절망으로 가라앉게 했고 나는 하나님을 사랑한 사람들 중에서는 그런 것들을 찾을 수 없을 것이라고 결론지었다.

나는 종종, 이러한 유혹들이 강한 힘으로 다가올 때, 나 자신을 어떤 납치범이 폭력으로 가족과 친구들과 나라로부터 납치한 아이의 사례를 비교했다. 그 상황에서 나는 발로 차기도 하고, 소리치고 울기도 했지만 마치 유혹의 날개에 묶인 것 같고, 바람은 나를 멀리 이끌어 가는 것 같았다.

또한 나는 번민에 사로잡힌 사울 왕이 생각났고, 악한 영이 그를 지배했던 것과 큰 두려움이 있었던 것 같이 나도 사울과 같다고 생각했다;

"여호와의 영이 사울에게서 떠나고 여호와께서 부리시는 악령이 그를 번뇌하게 한지라"[삼상 16:14]

이러한 날들에, 다른 사람들이 어떤 것이 성령을 훼방하는 것인지에 대해 말하는 대화를 들었을 때 시험하는 자가 그 죄를 내가 열망하도록 충동했고 그것은 마치 내가 할 수 없고 해서도 안 되는 것처럼 충동했고 또한 내가 그 죄를 범할 때까지 조용히 해서도 안 될 것처럼 충동했다.

물론 지금 나는 그와 관계를 갖고 있지 않지만 만약 그런 외설된 말들을 하여 죄를 범하게 된다면, 내가 그렇게 했든지 안 했든지 내 입이 그 말을 토할 것 같이 느껴졌다.

그 순간 내게 매우 강한 압력의 유혹이 솟아나 나는 손으로 입이 열리지 않도록 내 턱을 잡을 준비했다. 그리고 나는 내 머리로 바닥을 향해 어떤 구멍으로라도 뛰어 들어가 내 입으로 그런 말을 하지 못하게 해야 한다는 생각을 했다.[3] 이 증언이야말로 하나님의 종으로서 경험할 수 있는 치열한 영적 전쟁의 선명한 예화가 아닌가!

단순한 "불화살" 이상으로 존 번연은 연발사격으로 공격을 당했다. 그러나 우리가 인정하고 싶지는 않지만 그 혼자만이 그러한 경험을 한 것이 아니라 우리 중 많은 사람들도 비슷한 사탄의 공격에 직면해 있다. 그러므로 마귀가 자주 우리 생각과 감정들을 어떻게 공격한다는 것을 이해한다면 우리는 이제 "마귀의 궤계"를 좀 더 근접하게 볼 필요가 있고 그것으로 마귀의 덫에 걸리는 일을 피할 수 있다.

정죄(Condemnation)

사탄의 일반적인 전략은 당신이 하나님의 사랑과 용서에서 떨어져 나갔다고 느끼게 하는 것이다. 그러한 생각은 당신이 어떤 것에 실패했을 때 종종 발생한다. 아마 당신이 하지 말았어야 하는 것을 했거나, 꼭 해야 할 일을 하지 않았을 때이다. 그 때가 정죄감이 나를 강타하는 때이다.

그러므로 책망과 정죄를 구별하는 것은 중요하다. 책망은 성령의 합법적인 역사로서 우리 죄에 죄책감을 갖게 하며, 용서를 받는 길로 우리를 이끈다. 그러나 정죄는 죄책감을 갖게 하고 소망이 없는 상태의 희생자로 몰아간다.

사탄은 "너의 이번 일은 도저히 용서받을 수 없어!"라고 말하며 "하나님은 너를 포기했다"고 제안할 것이다. 또한 그는 하나님의 용서가 더 이상 유효하지 않다고 주장할 것이다. 그때 당신은 하나님께서 당신을 버린 것처럼 하나님은 나를 더 이상 사랑하지 않을 것처럼 느낄 수 있다. 이러한 것이 "악한 자의 화전"의 전형적인 상황이다.

이러한 마귀의 화살은 오직 믿음의 방패로 방어할 수 있다. 그 방패는 곧 하나님의 말씀이다. 정죄의 능력은 사탄의 능력 안에서 하나님이 우리를 정죄하신다고 생각하도록 거짓말을 속삭인다. 그러나 생각해 보라. 만일 하나님께서 우리를 대적하시면, 누가 우리를 위할 것인가? 이 얼마나 비열한 진리의 왜곡인가!

이에 사도 바울은 우리에게 이렇게 반문하였다;

"그러므로 이제 주안에 있는 자들에게는 정죄함이 없나니.......만일 하나님이 우리를 위하시면 누가 우리를 대적하리요?"[롬 8:1, 31]

"누가 능히 하나님께서 택하신 자들을 고발하리요 의롭다 하신 이는 하나님이시니 누가 정죄하리요 죽으실 뿐 아니라 다시 살아나신 이는 그리스도 예수시니 그는 하나님 우편에 계신 자요 우리를 위하여 간구하시는 자시니라"[롬 8:33,34]

이와 같이 책망의 생각과 정죄감들은 "형제들을 참소하는 자"에게서 온다(요한계시록 12:10). 그러므로 믿는 우리는 오직 어린양의 피의 자신감으로 사탄의 정죄를 극복할 수 있다. 따라서 만일 당신이 죄를 범했다면 사탄이 정죄감을 통해 당신을 주로부터 멀리 데려가지 못하게 하라!

대신에 죄를 자복하고 다음 말씀을 기억하라;

"그는 신실하고 의로우사 우리 죄를 사하시고, 모든 불의에서 우리를 깨끗케 하신다" [요일 1:9]

피상적 생각들(Consigning Thoughts)

사탄은 정죄를 가지고 올 뿐만 아니라 파괴적인 생각이라고 말할 수 있는 것으로도 온다. 또한 이 부분은 많은 사람들이 자주 간과하거나 놓치게 된다. 그러면 무엇이 파괴적인 생각들일까? 그것은 부정적이며 강박적으로 끊임없이 사람의 마음 속에 반복되는 생각들이다.

'나는 뚱뚱해서 인정받지 못해, 나는 멍청하고 아무 것도 아니고, 나는 못생기고 비호감이야'라는 생각들이다. 이러한 자기 혐오적 생각은 어떤 사람들에게 고통을 주며 파괴적인 행동 곧 해로운 생활 방식과 자살까지도 시도하게 한다. 이러한 파괴적인 행동들은 알코올, 약물남용, 자해, 자학, 식욕부진 폭식증을 포함하며 젊은 여성들에게서 특히 나타난다.

나는 수년간 여러가지 자학적인 감정에 사로잡혔던 많은 여성들과 이야기를 했다. 그들은 거울을 보며 자신은 세상에서 제일 못난 존재라는 생각으로 고통 받는다. 그들의 몸은 피폐해지고 죽기까지 굶주려 있기 때문에 그런 것임에도 불구하고 자신은 뚱뚱하다고 스스로 생각한다. 그들은 스스로 이 세상 그 어떤 사람보다 멍청한 사람이라고 말하고 또 생각한다.

이러한 생각들이 과연 어디서 왔을까? 나는 그러한 생각의 출처가 사탄적인 속성이라고 확신한다. 마귀는 '참소자'이며 또 '파괴자'이다. 그러므로 예수님은 사탄은 "빼앗고 죽이고 멸망시키러 왔다" 하셨다(요한복음 10:10).

다른 파괴적인 행동들, 곧 LGBT(성소수자)들의 표현처럼 그들의 근원은 이러한 참소와 위탁적인 생각의 패턴들이다. 이러한 생각들 중 가장 인지 못하는 것 중 하나는 배후에 있는 마귀적인 요소라고 나는 확신한다. 그러므로 그것을 극복하거나 다른 이들이 극복하도록 돕기 원한다면 이러한 관점을 인식해야 한다. 그렇다면 어떻게 이러한 사탄적이고 파괴적인 생각을 없애고 승리할까?

먼저, 그 생각의 근원을 기억해야 한다. 그것들은 우리 영혼의 원수이며, 하나님의 원수인 마귀로부터 왔다. 그는 거짓말쟁이이며, 거짓의 아비임을 기억해야 한다(요한복음 8:44). 그는 또한 살인자이며, 어떤 자라도 멸망시키길 원한다. 그는 이러한 파괴적인 생각들에 사람들이 빠지게 하는데 미혹과 그의 쉬지 않는 제안들이 모두 사실이라고 생각하게 한다. "너는 뚱뚱하고, 못생기고, 멍청하고 가치없어!"

그러나 그것을 믿지 말라. 하나님께서 당신을 창조하셨고, 당신은 그분께 위대한 존재와 가치가 있다. 당신의 정체성은 보이는 것만이 아니고 또한 어떻게 스스로를 생각하느냐 혹은 다른 사람이 당신을 어떻게 생각하느냐에 있지 않다. 또한 당신의 정체성은 당신의 성정체성에 있는 것이 아니라 당신의 정체성은 그리스도 안에 있다.

"그런즉 누구든지 그리스도 안에 있으면 새로운 피조물이라 이전 것은 지나갔으니 보라 새 것이 되었도다"[고후 5:17]

마귀가 파괴적인 행동과 파괴적인 삶을 살게 하도록 위탁하지 말고 오히려 하나님의 말씀을 믿으라. 그분의 진리가 당신을 자유케 할 것이다. (요한복음 8:32)

의심(Doubt)

마귀는 때로 의심의 화살을 당신의 생각에 쏠 것이다. 그는 당신의 구원을 위한 하나님의 존재로부터 모든 것을 의심하게 할 것이다. 그러나 그의 근본적인 목적은 하나님의 말씀을 의심하게 하는 것이다. 그러므로 기억해야 할 것은 의심하려는 유혹과 불신의 죄는 서로 차이가 있으며 의심에 의해 괴로울 수는 있지만 아직 불신의 죄는 아닐 수 있다는 사실이다.

영국의 위대한 설교자 찰스 스펄전은 이러한 특징적인 유혹의 형태에 매우 친숙했다. 그는 다음과 같이 증언했다.[4]

"나의 독특한 유혹은 상시적인 불신이었다. 나는 하나님의 약속이 사실임을 믿었지만… 이 유혹이 끊임없이 나를 공격했다."

– 그분을 의심해, 그분을 불신해, 그분은 너를 떠날 거야.

스펄전은 물론 유혹에 저항했지만 그의 증언은 이 영역에서 계속 싸웠던 것을 증거한다. 그러므로 다시 말하지만 의심하는 유혹에 눌릴 때 결코 당신은 죄를 범하는 것은 아니다. 의심이 행동으로 나타날 때 그것이 우리를 조종할 때 죄가 되는 것이다.

사탄은 하와가 하나님의 말씀을 의심하도록 시험했다. 그러나 그것은 그녀가 죄를 범하도록 그 제안에 복종하기 전까지 죄는 아니었다. 마치 의심하도록 유혹받는 것이 죄를 범한 것은 아니기 때문이다. 그러므로 우리는 이러한 제안들을 거절해야 한다.

내가 연약한 크리스천이었을 때, 어떤 신학자가 성경의 어떤 책들에 타당성에 의문을 제기하는 것을 들었다. 그때 사탄은 하나님의 말씀에 대한 의심을 내 생각에 심으려 했다. 그때 내가 인식하고 있는 생각들은 대체로 이런 것이었다.

"이 사람들은 성경을 수년간 연구한 신학자들이야. 그들은 히브리어와 헬라어를 알지만, 나는 아무것도 몰라. 어떻게 내가 맞고 그들이 틀렸다고 말할 수 있을까?"

이런 것들이 지금 당신에게 친숙하게 들리는가? 혹은 당신이 성경을 읽으면서 갑자기 마음 속에 이러한 생각들이 홍수처럼 왔던 경험이 있을 지도 모른다. 그러나 이러한 질문의 목록은 끝이 없다.

- 당신은 예수 그리스도가 실존했다고 확신하는가?
- 이러한 기적들이 실제 일어날 수 있는가?
- 어떻게 죽은 사람이 살아나는가?
- 다른 모든 종교들은 무엇인가?
- 예수가 하나님께로 가는 유일한 길이라는 것은 좀 교만한 생각 아닌가?

사탄은 이러한 생각들을 당신에게 제안할 것이다. 그는 항상 하나님의 말씀을 훼손하려 한다.

그는 에덴동산에서 하와에게 시도했다;
 "참으로 하나님이 말씀하시더냐?"[창 3:1]

그는 광야에서 예수님께 시도했다;
 "만일 네가 하나님의 아들이라면..." [눅 4:3]

또한 지금 그는 당신에게도 시도할 것이라고 확신해야 한다. 하나님의 말씀은 이러한 폭풍 속의 크리스천 삶에 우리의 나침반과 키가 되어 안내하신다. 마귀가 가장 작은 진리조차 의심하게 할 수 있다면, 우리를 믿음의 경로에서 떠나게 할 수 있다. 그가 가장 큰 진리에 의심하게 한다면, 결국 우리의 항해는 파선으로 끝날 수 있다. 그것이 그의 목표이다. 그러므로 의심에 빠지지 말라. 마귀의 전략에 하나님을 인지하고 하나님의 말씀 위에 굳게 서라.

마지막 한 가지 솔직한 질문을 의심과 혼동하지 말라. 천사 가브리엘의 전언에 대한 사가랴와 마리아의 반응의 차이를 생각하라(누가복음 1:18, 34). 어쩌면 두 사람은 같은 질문을 한 것처럼 보인다. "어떻게 이 일이 될 것인가?" 그러나 그것은 "어떻게" 라는 질문이 아니었고, 두 사람의 차별화 된 반응의 태도였다. 그때 사가랴는 불신으로 물었고, 그것은 마치 "나는 믿지 않아!" 와 같다.

– "말도 안 돼!"
– "절대 일어날 수 없어!"

반대로 마리아는 하나님께서 어떠한 방식으로 그 이적을 성취하실까 물었다. 그녀의 겸손한 믿음은 가브리엘에게 한 마지막 말로 증명이 된다.

- "주의 여종을 보라!"
- "말씀대로 내게 이루어지이다." (누가복음 1:38)

마리아는 하나님의 말씀을 의심하지 않았다. 그녀는 그분의 계획에 복종했다. 그녀의 질문에는 아무 문제가 없었다. 그것이 우리가 배울 때 취하는 방법이다. 솔직한 질문은 의심의 유혹을 주님과 그분의 말씀과 그분의 길들을 이해하는 성장의 기회로 변하게 할 수 있다. 모든 솔직한 질문의 끝에는 하나님은 진실하시고 바울의 자랑처럼 "사람은 다 거짓되되 오직 하나님은 참되시다 할지어다"(로마서 3:4) 를 발견하게 된다.

두려움(Fear)

또 다른 사탄의 궤계는 두려움의 전략이다. 그는 주를 신뢰하고 복종하는 자들에게 나쁜 결과로 위협한다.

18세기 부흥사 죠지 화이트필드가 그의 친구 존 웨슬리를 불러 그의 대중 집회의 설교사역을 넘기려 했을 때, 웨슬리는 만일 그가 그렇게 한다면, 죽게될 것이라는 생각에 갑자기 휩싸이게 된다.

그는 무작위로 성경을 열어 눈에 보이는 네 가지 다른 말씀들로 하나님의 인도하심을 구하였지만, 오히려 그 성경구절들은 그의 절박한 죽음을 확증하는 것처럼 보였다. 그러나 그러한 두려움들은 하나님께서 그를 부르시고 일하게 하심으로부터 그를 차단하려는 마귀의 역사이었음이 여실히 증명되었다.

실제로 존 웨슬리는 그의 초대에 응하므로 전도사역에 들어가게 되었고, 그것은 40년 이상을 지속하였으며 만 명을 회심 시켰으며 오늘날 감리교의 초석이 되었다.

사탄의 두려움 전략은 랍비 레오폴드 콘의 이야기에서 선명히 볼 수 있다. 그는 헝가리 유대인이며 다양한 상황들을 통해 예수께서 이스라엘의 메시아이신 것을 믿게 되었다. 그가 그리스도를 영접했을 때 공적으로 자신의 믿음을 고백하는 침례 받는 날을 정해야 할 필요를 느꼈다. 그러나 그가 침례 받던 날 발생한 사건은 마귀가 하나님의 사역을 훼방한다는 것을 증명하였다. 랍비는 그날의 일에대하여 다음과 같이 증거했다.

"그날 이른 아침 날이 밝아올 때 나는 떨며 깨어났는데 그것은 마치 누군가가 야! 너 오늘 뭐하니? 말하는 것 같았어요. 그 음성을 들으며 나는 침대에서 튀어나와 내가 뭘 해야 할 지 모르는 열병에 걸린 사람처럼 방에서 내려왔어요. 그리고 나는 초조한 마음으로 사람들 앞에서 주 예수 그리스도를 기쁨으로 고백하며 침례 받기를 기다렸습니다. 그런데 갑자기 마음속에서 엄청난 변화가 찾아 왔습니다."

"나에게 말했던 그 목소리는 내가 그것이 사탄이었다는 것을 인지하지 못할 정도로 매우 교활했습니다. 많은 질문들이 내 머리 속에서 빠르게 지나가며 계속 나를 괴롭혔고, 나로 당황하게 해서 나는 정신적으로나 육신적으로 병이 걸린 것 같았습니다."

사탄은 내게 이렇게 물었습니다:

[너 오늘 침례 받으러 갈 거지, 그렇지 않니? 혹시 너는 네가 그 걸음을 내딛자마자 사랑하는 네 아내와 헤어지게 될 거라는 것은 알고 있겠지? 내가 장담하건데, 유대교 신자인 네 아내는 절대 너와 함께 살 수 없을 거야. 또한 네가 사랑하는 너의 네 자녀들도 절대 너를 아빠라고 부르지도 않을 것이고 다시 네 얼굴을 보지 않을 거라는거 알고 있겠지? 그리고 너의 형제 자매들과 모든 친척들은 네가 죽었다고 생각하고 마음 아파할 거야.]

[생각해봐 어떻게 그렇게 네 혈육에게 잔인할 수 있어? 확신하건 데, 앞으로 사람들은 더욱 너를 무시하고 미워할 거야. 너는 스스로 주위 사람들을 절교하고 있는 거야. 아마 이 땅에 네 친구는 없을거다. 너는 바다 위에 떠 다니는 나무 한 조각처럼 남게 될 거야. 그동안 네가 쌓아 올린 평판과 공식적인 위치는 어떻게 될까 생각해 보는 게 좋을거야.]

"마귀로부터 오는 이런 생각들이 나에게 가장 잘 들리는 형태로 들어왔고, 사탄과 개인적인 대적을 하게 되는 동안 나는 낙심에 빠져 생각의 균형을 거의 잃어 버렸습니다. 잘 수도 없었고 물을 마시지도 못했어요. 나와 함께 있던 친구들은 그걸 알아차리고, 가능한 모든 방법으로 용기를 주고 격려했지만 아무 소용없었습니다. 물론 하나님께 무릎 꿇고 기도했지만 사탄의 미혹은 멈추지 않았습니다."

그는 그가 마귀에게 미혹되었을 때 일어난 일에 대하여 다음과 같이 증언했다;

"참을수 없을 정도로 정신과 육신이 아픈 것을 느껴, 자신이 침례를 받지 못할 것을 알리기 위해 목사에게 갔다. 바로 그 때 다른 목사인 앤드류 보나 박사님이 회중들과 함께 내가 그 날에 침례 받으려 한다는 것을 알고 나를 위해 기도해야 함을 느껴 그들이 합심하여 기도를 시작했을 때 갑자기 내 안에서 압박감이 사라졌고 정신이 온전함을 느꼈다. 그 순간 나는 침례를 취소하려는 생각을 멈추고 처음 원했던 것처럼 침례를 받고 하나님과 회중들 앞에서 공적으로 그리스도를 선언했다."

그후 랍비 레오폴드 콘은 메시아의 강력한 증인이 되었고 미국 유대인 선교 위원회를 구성했다. 그는 많은 동료 이스라엘 사람들이 예수를 영접하도록 인도했다.

여러분은 유대인의 랍비가 예수님께 복종하려 할 때 마귀가 알고 어떤 악한 결과들이 그에게 닥칠 것처럼 위협하는지 생각해 보았는가?

하나님의 부르심을 막기 위한 영적 두려움은 단지 시도하는 것으로 그치지 않는다. 존 웨슬리의 경우와 마찬가지로 우리가 주께 복종을 하려 할 때 사탄은 사악한 상황으로 당신을 위협할 것이다.

존 보너는 우연의 신화라는 그의 책에서, 테러집단 "Shining Path"가 모든 나라들을 혼란스럽게 할 때에 페루에서의 선교사역과 전도에 대해 다음과 같이 증거했다;

스페인어로 "Sendero Luminoso"로 알려진 급진적인 사회주의 단체는 6만 2천명의 테러리스트와 관련하여 사망과 실종사건들과 연루된 악의 집단으로 1980년부터 1992년까지 활동했다.

존 보너는 전도사역으로 긴 하루를 마치고 새벽 3시에 돌아 왔을때 이상한 전화를 받았다. 전화를 건 사람은 그와 그의 사역자들이 그들이 사역했던 장소로 돌아 온다면 모두 죽을 것이라고 경고했다. 우리는 이미 그 테러리스트들이 수많은 전도사역 지도자를 살해한 것을 보았고 그 중에는 절친한 친구도 있었다. 그래서 존 보너는 이 위협이 장난 전화가 아니라는 것을 알았다.

전화를 받은 후 그는 고개를 숙이고 지혜와 믿음과 용기를 주시도록 밤을 새워 하나님께 간절히 기도했다. 그리고 그 다음 날 그의 팀은 전날 사역했던 그 장소로 갔으나 아무 피해가 없었다.

사실 그때까지 존 보너는 자신의 사역이 장차 페루 사람들 한 가운데서 펼쳐질 것을 전혀 알지 못했다. 그러나 존 보너는 오늘날 페루를 비롯한 남아메리카에서 수천 명의 영혼을 섬기고 있다. 이를 통해서 우리는 사탄은 하나님의 종들을 위협하여 하나님께서 계획하신 장래의 사역을 방해하려고 시도하는 것을 알 수 있다. 그러므로 마귀가 주는 두려움으로 당신을 하나님의 뜻에서 떠나도록 하지 못하게 하라.

그러므로 바울은 우리에게 "하나님이 우리에게 주신 것은 두려워하는 마음이 아니요 오직 능력과 사랑과 절제하는 마음" 이란 것을 기억하라(디모데후서 1:7) 증거하였다.

우리 하늘의 아버지는 우리에게 영원하고 최고의 것을 마음에 두고 계신다. 그러므로 당신의 모든 행사를 두려움 없이 그분께 맡기라. 그리고 그분께서 하실 것을 주시하라. 우리 아버지는 최선이 무엇인지 모두 알고 계신다.

악한 생각과 상상(Evil Thoughts and Imaginations)

"마귀의 궤계"의 또 다른 형태는 악한 생각들이다. 혹시 여러분은 기도하는 중에 갑자기 신성모독하는 생각에 사로잡히는 공격을 당한 일은 없었는가?

하나님을 경배하던 중에 음란한 상상이 갑자기 떠오른 때는 없는가? 당신의 마음이 비통한 생각들로 사로잡혔던 때는 없었던가? 당신을 아프게 하고, 압박하는 생각, 달아나고 싶은 생각들, 성적인 부도덕, 살인, 혹은 자살의 생각들이 든 때는 없었는가? 만약 그런 일이 있었다면, 그것은 당신 혼자만의 생각들은 아니다.

사도 바울이 언급한 "화전"이란 말은 문자적으로 악한 자로부터의 "불타는 화살"이다. 그러므로 여기서 우리가 생각해 보아야 할 것은 악한 자의 불화살과 악한 죄의 유혹은 따로 구별해서 말할 수 있다는 것이다. 여기서 악한 유혹은 예수께서 말씀하신 것처럼, 우리 마음에서 나오는 것이다.

"마음에서 악한 생각이 나온다"[마 15:19]

그러므로 악한 유혹은 당신의 조정 범위 안에 있고, 그 안에는 그것을 기뻐하는 요소가 있다. 반면, 악한 자의 불화살은, 당신 밖에 존재하며 밖에서 오며 당신의 조정 밖에 있다. 또한 그것은 당신에게 공격적이다. 물론 당신은 이런 것들은 생각을 하고 싶어하지 않을 뿐 아니라 의식적으로 거절할 것이다.

신성모독에 대하여 찰스 스펄전은 다음과 같이 증거했다;

"신성모독의 공격들이 절망의 시점에 가깝도록 나의 생각에 계속적으로 지속되었고, 나는 그분의 구원에 대해서도 의문을 갖기 시작했다."

(물론 우리는 진실한 크리스천이 어떻게 그러한 생각을 할 수 있을까 하는 의문을 갖게 된다.)

어느날 스펄전은 경건한 어느 노인에게 자신이 겪은 심경을 털어 놓았다.

그 노인은 스펄전에게 다음과 같이 물었다;
- "자네는 그런 생각들이 싫은가?"

젊은 스펄전은 대답했다;
- "네 매우 싫습니다"

노인은 말했다;

- "그렇다면 그 생각들을 그것들의 아버지이며, 그것이 속한 마귀에게 보내 게나. 왜냐하면 그것들은 당신의 것이 아니기 때문이라네."[5]

마귀는 간사하다. 당신의 마음에 한 생각을 심고, 그것이 당신의 생각이라고 생각하게 만든다. 그러나 당신은 그것을 소유하지 말고, 담대히 거절하고 그 생각들의 배후가 누구인지 깨달으라. 그렇게 할 때 당신은 이러한 경우들을 기회로 삼아 도리어 기도와 경배의 기회로 사용함으로 마귀의 무기를 그에게 되돌려 줄 수 있다. 당신은 여호야다의 아들 브나야처럼 원수의 손에서 창을 빼앗아 그의 무기로 대적을 멸할 수 있다.

[삼하 23:20,21]
"갑스엘 용사의 손자 여호야다의 아들 브나야이니 그는 용맹스런 일을 행한 자라 ---- 또 장대한 애굽 사람을 죽였는데 그의 손에 창이 있어도 그가 막대기를 가지고 내려가 그 애굽 사람의 손에서 창을 빼앗아 그 창으로 그를 죽였더라"

그리고 또 다시 실패 없는 완전한 승리를 위하여 당신의 생각은 진리의 말씀으로 가득 채워야 한다. 바울은 우리에게 다음과 같이 권면하였다.

[빌 4:8]
"끝으로 형제들아 무엇에든지 참되며 무엇에든지 경건하며 무엇에든지 옳으며 무엇에든지 정결하며 무엇에든지 사랑 받을 만하며 무엇에든지 칭찬 받을 만하며 무슨 덕이 있든지 무슨 기림이 있든지 이것들을 생각하라"

살아 움직이는 자연환경이 진공상태를 용납하지 않는 것처럼, 우리의 생각도 비어 있는 상태로 지속할 수 없다. 우리가 악한 생각을 멈추고 선한 생각으로 전환할 때, 좋은 생각은 나쁜 생각에게 공간을 주지 않을것이기 때문이다.

우울증(Depression)

우울증은 "마귀의 궤계" 중 가장 지독한 것이며, 우리가 앞에서 논했던 모든 것 곧 정죄, 의심, 두려움, 악한 생각, 상상을 모두 모은 것처럼 우리를 절망으로 묶고 소망을 상실한 압도적인 감각으로 우리를 방치해 버린다. 우리가 성경에서 살펴 보듯이 무엇이 하나님의 사람들을 직접적으로 우울하게 만드는지 알 수 있다.

하나님께서 귀하게 쓰신 다윗 왕과 사도 바울도 감당할 수 없는 우울증에 사로잡혔다는 사실은 우리를 놀랍게 한다. 그들의 증언들을 들어보자;

[시 77:2-4]
"나의 환난 날에 내가 주를 찾았으며 밤에는 내 손을 들고 거두지 아니하였나니 내 영혼이 위로 받기를 거절하였도다 내가 하나님을 기억하고 불안하여 근심하니 내 심령이 상하도다 [셀라] 주께서 내가 눈을 붙이지 못하게 하시니 내가 괴로워 말할 수 없나이다"

교회 역사는 우울증으로 고통 받았던 수많은 사람들에 대한 많은 사례를 제공한다. 영국의 위대한 시인이며 성가 작가 윌리엄 카우퍼는 평생을 조울증과 싸웠다. 오늘날이었다면 그는 양극성장애로 진단되었을 것이다.

또한 위대한 전도자이며 설교자인 찰스 스펄전은;

"나는 매우 두려운 우울한 영을 가진 주체로서, 여러분 중 아무도 내가 가졌던 극도의 비참함을 경험하지 않기를 소망한다." 증언했다.[6]

이렇게 우리는 하나님의 사람들이 우울한 마음의 고통에서 제외되지 않았음을 알 수 있다. 대부분의 모든 사람이 시시각각으로 그것과 싸우며, 어떤 사람은 다른 사람보다 더 심각하게 싸운다. 그렇다면 우리는 "어떻게 우울증을 다룰 것인가?"를 생각해야할것이다.

먼저 우리는 무엇이 우울한 마음을 발생시키는지 알아야 한다. 우울증이 어떻게 발생하는 것인지 결정짓는 것은 쉽지 않지만, 연구 분석에 따르면 기본적으로 4가지 형태의 우울증이 있다.

- 유기적인 자연 현상의 우울증 - '몸의 상태변화로 오는 증상 곧 호르몬이나 화학적 불균형'
- 환경적인 우울증 - '삶의 문제가 당신을 힘들게 할 때'
- 죄와 직접적으로 관계 된 우울증.
- 사탄의 활동으로 직접 오는 우울증.

그러나 여기서 우리가 기억해야 하는 것은 구하는 자에게 주시는 하나님의 지혜이다. 바울은 "너희 중에 누구든지 지혜가 부족하거든 모든 사람에게 후히 주시고 꾸짖지 아니하시는 하나님께 구하라 그리하면 주시리라"(약 1:5) 증거하였다. 그러므로 우리가 우울에 대한 원인을 식별할 수 있다면, 우리는 치료의 방법을 찾을 수 있다는 사실이다.

만약 그 우울 증세의 원인이 생물학적인 원인이라면, 의학적인 치료가 주요 처방이 될 것이다. 그러나 그 원인이 환경적인 것이라면, 치료는 그 환경에 대한 성경적인 관점을 얻고 도우시는 하나님을 신뢰하여야 할 것이다. 더 나아가 그 원인이 죄라면 회개가 필수적이며, 또한 그 원인이 사탄에게 온 것이라면, 주를 믿는 우리는 오직 하나님의 말씀의 영적 무기와 기도가 필요할 것이다.

윌리엄 카우퍼는 깊고 어두운 자살적인 우울증에서 벗어나기 위해 그의 신실한 친구이자 목사 존 뉴턴의 기도를 받았다. 이와 같이 우리 하나님을 믿는 신자들이라면 항우울제 처방을 받기 전에 하나님께 당신의 문제를 먼저 고해야 한다.

설혹 당신의 증상에 의학적인 치료가 필요할지라도, 마음의 치료는 하나님의 말씀과 기도가 아니면 그 어떤 것도 근본적으로 해결할 수 없다. 그러므로 우울증의 근본 원인과 관계 없이 거기에는 사탄적 관점이 있다는 것이 나의 견해이다. 이와 같이 모든 우울증상은 그 원인에 관계없이 성경적인 상담과 집중적인 기도를 통해 다루어져야 한다. 만약 당신이 우울증세로 괴로웠다면, 기억하라;

"사람이 감당할 시험 밖에는 너희가 당한 것이 없나니 오직 하나님은 미쁘사 너희가 감당하지 못할 시험 당함을 허락하지 아니하시고 시험 당할 즈음에 또한 피할 길을 내사 너희로 능히 감당하게 하시느니라"[고전 10:13]

"너희 중에 병든 자가 있느냐 저는 교회의 장로들을 청할 것이요 그들은 주의 이름으로 기름을 바르며 위하여 기도할지니라"[약:14]

당신의 삶의 상황은 더 이상 소망이 없어서 곧 끝날 것이라는 사탄의 거짓말을 믿지 말라.

– 오직 주를 바라보라!
– 오직 그의 이름을 부르라!
– 오직 그분의 말씀 위에 서라!
– 오직 기도하고 믿음의 사람에게 기도를 요청하라.
– 목사나 경건한 크리스천 친구에게 성경적 상담을 구하라.

마지막으로, "평강의 하나님이 속히 사탄을 너희 발 아래 상하게 하실 것"을 기억하라(로마서 16:20). 이제 우리는 우리를 대적하는 또 다른 마귀와의 전쟁의 관점 곧 "유혹"에 대해 살펴 볼 것이다.

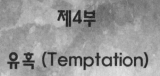

제4부

유혹 (Temptation)

"근신하라 깨어라 너희 대적 마귀가 우는 사자 같이 두루 다
니며 삼킬 자를 찾나니 너희는 믿음을 굳건하게 하여 그를
대적하라 이는 세상에 있는 너희 형제들도 동일한 고난을
당하는 줄을 앎이라"[베드로전서 5:8-9]

마귀의 유혹

사탄이 가장 즐기는 활동은 사람을 유혹하는 것이다. 유혹은 악을 행하도록 권장하는 것이고, 또 크리스천이나 일반 사람이나 모두에게 공통적인 경험이다. 그러나 사탄은 크리스천을 유혹하기를 힘쓴다.

사탄은 크리스천을 넘어뜨릴 때 그것은 그에게 구원의 확신에 대하여 의심을 갖게 하고 또 교회에 대한 신뢰성이 깨어지게 하며 하나님을 원망할 것이라는 것을 잘 알고 있다.

나단 선지자는 밧세바를 간음한 다윗에게 당신은 "이 일로 말미암아 여호와의 원수가 크게 비방할 거리를 얻게 하였으니 당신이 낳은 아이가 반드시 죽으리이다"(사무엘하12:14) 책망하였다. 이와 같이 사탄의 비방의 빌미로 받을 값은 반드시 범죄하는 크리스천에게 돌아 온다. 그러므로 사탄의 비방의 빌미는 신자를 유혹하는 사탄의 동기 중 하나이다.

또한 사탄이 당신을 유혹하는 또 다른 이유는 단순히 그가 당신을 미워하고 멸망시키기 원하기 때문이다. 야고보는 "욕심이 잉태하면 죄를 낳고 죄가 장성하면 사망을 낳느니라"(약 1:15) 증거하였다. 또한 베드로는 "근신하라 깨어라 너희 대적 마귀가 우는 사자같이 두루 다니며 삼킬 자를 찾나니"(벧전5:8) 라고 경계하였다.

이와 같이 사탄은 사람을 유혹하는 활동을 끊임없이 하는 것이 틀림 없다. 작가 존 필립스는 사탄이 어떤 모습인지 그의 저서를 통하여 선명한 그림을 보여 준다;

[사탄]은 인간의 본성이 창조되던 때부터 연구해 왔다. 그러므로 사탄은 타락한 인간의 본성이 달아오르도록 부추긴다. 사탄은 심리

학의 대가이다. 그래서 그는 어떤 사람들은 육체의 정욕으로 공격한다. 또한 그는 감각을 불태울 수 있는 화살의 무기고를 가지고 있어 어떤 사람은 안목의 정욕으로 공격하며 또 어떤 사람은 이생의 자랑으로 공격한다.

식욕의 욕망, 박수와 환호와 열광, 야망의 매력은 우리 혼에 맹렬한 불을 지필 수 있는 화살의 주인 사탄의 주요 무기이다. 그는 우리 약점과 강점을 너무 잘 안다. 따라서 그는 악한 영의 군대를 우리 감각을 간지럽게 하기 위해, 우리 열망에 불을 피우기 위해, 우리 혼을 더럽히고, 우리 의지를 약하게 하기 위해, 우리 생각을 속이기 위해, 우리 양심을 죽이기 위해, 더 나아가 하나님의 진리를 뒤틀기 위해 보낸다.

또한 사탄은 엄청난 계략을 가지고 있고 절대 포기하지 않는다.[7] 사망과 멸망은 시험하는 자의 목표이다. 그러므로 우리는 마귀의 유혹을 가볍게 생각하면 안 된다. 오히려 우리는 정신을 차리고 깨어 있어 마귀를 대적해야 한다.

유혹을 인식하기(Recognizing Temptation)

유혹과 관련해서 제일 먼저 해야 하는 것은 우리가 언제 유혹받는지를 인식하는 방법을 배우는 것이다. 여기서 우리가 알아야 할 것은 사탄의 속성 중 하나인 간교함이다. 그는 자신을 완벽하게 변장하기 때문에 유혹받는 사람은 자신이 그와 관계되어 있음을 깨닫지 못한다. 이 말은 사탄은 당신에게 "내가 마귀다" 하고 자신을 드러내지 않는다는 것이다.

사탄은 "나는 덫 안에 숨어 미끼질 해서 당신을 멸망 시킬거야 이제 내가 하는 것을 잘 봐!" 이렇게 말하지 않는다. 오히려 그는 그림자 뒤에 숨어 있어 우리는 그가 어떤 상황의 배경 뒤에 숨어 있는지 조차 깨닫지 못한다. 또한 그는 자주 우리 행복을 위해 굉장히 걱정하는 사람처럼 등장한다.

여기서 에덴 동산의 이브의 경우를 생각해 보자. 사탄은 그녀에게 하나님이 이기적이라고 제안했고, 그녀에게 아주 좋은 것을 뒤로 빼돌렸다고 거짓말을 했다. 또한 그는 같은 수법으로 예수님을 유혹했었다.

사탄은 예수께 와서 속삭이기를; "네가 하나님의 아들이라면, 여기서 굶어 죽어선 안 돼. 하나님의 아들이 살 다른 방법이 없을까? 아 있네! 여기 돌들을 빵으로 만드는 게 어때! 그리고 너 자신을 만족시켜 봐. 너는 충분히 그럴 자격 있어! 너는 하나님의 아들이잖아!" (마태복음 4장 참조).

이와 같이 물고기들이 좋아하는 정확한 미끼를 아는 낚시꾼처럼 사탄은 당신의 약점을 따라 유혹한다. 그는 빛의 천사로 가장해서 당신과 함께 괴로움을 느끼며 당신의 재정문제의 해결책을 논의하기도 하고, 혹은 당신의 낮은 자화상에 대한 답을 주기도 한다.

그 뿐만이 아니다. 바울은 고린도 교회의 성도들에 편지를 쓸 때 사탄의 이러한 속성에대하여 다음과 같이 그를 증거하였다:

"뱀이 그 간계로 하와를 미혹한 것 같이 너희 마음이 그리스도를 향하는 진실함과 깨끗함에서 떠나 부패할까 두려워하노라"[고후 11:3]

때로는 사탄의 유혹을 인식하기 어렵지만 우리 일상에서 하나님의 말씀을 합리화하고 타협하고 불순종하게 만들 수 있는 상황에 처할 때마다 그의 유혹을 받고 있음을 확신 할 수 있다.

유혹 피하기(Avoiding Temptation)

유혹을 다루는 또 다른 중요한 첫 번째 단계는 모든 노력을 다해 그 것으로부터 떨어지는 것이다. 그것은 그 무엇보다도 우선적으로 기 도할 때 우리는 사탄의 유혹을 피할 수 있다. 그러므로 예수께서 그 의 제자들에게 "시험에 들지 않도록 깨어 기도하라" 말씀하셨다(마 태복음 26:41).

두 번째 단계는 자신에 대한 현실적인 관점을 가짐으로 유혹을 피 할 수 있다. 이는 곧 당신의 약점들을 인식하고 당신에게 특별히 문 제가 되는 것들로부터 떨어져 있는 것이다. 만약 성적인 문제가 있 다면, 넘어질 수 있는 모든 상황을 피하는 것에 당신의 총력을 기울 여야 한다. 그것은 수단적 역할인데 곧 당신을 유혹하는 특정 사람 이나 그룹에서 떨어져야 하고, 인터넷을 끊거나, TV를 끊고, 최신 형 스마트폰을 옛날 폴더폰으로 바꾸는 것이 될 수 있다.

나는 우리 교회 청년들 중에서 이러한 삶을 실천한 사람들을 많이 보았고 그들의 성공된 믿음의 실천적 투쟁을 잘 알고 있다. 그러므 로 만약 당신의 죄가 알코올이나 약물과 관계가 있다면, 당신은 그 사람들과 장소들이 당신과 절충하는 상황들을 절대적으로 피해야 한다. 이와 같은 원리가 연약함의 모든 영역에 적용된다.

만약 이 모든 것 후에도 유혹을 받는다면 보디발의 아내가 요셉에 게 유혹했을 때와 같이 당신의 유일한 방책은 요셉처럼 사탄이 잡 고 있는 옷을 벗고 도망가는 것이다. 이와 같이 당신의 연약함의 영 역을 아는 것이 유혹을 이기는 실제적 단계이다. 기억하라;

 "그런즉 선 줄로 생각하는 자는 넘어질까 조심하라"[고전 10:12]

당신 자신을 유혹의 상황에 넣지 말고 오히려;

"이것들을 피하고 의와 경건과 믿음과 사랑과 인내와 온유를 따르며 믿음의 선한 싸움을 싸우라 영생을 취하라"[딤전 6:11-12]

"또한 네가 청년의 정욕을 피하고 주를 깨끗한 마음으로 부르는 자들과 함께 의와 믿음과 사랑과 화평을 좇으라"[딤후 2:22]

유혹 극복하기(Overcoming Temptation)

유혹받는 것에 대한 유일하고 가장 기쁜 소식은 우리에게는 유혹에서 승리할 수 있는 확실한 보장이 있다는 것이다. 그 어떤 것보다 이 사실을 아는 것이 결정적이다. 어떤 신자들은 승리는 불가능하다는 인식 속에 죄에 넘어지는 것은 정상적인 신자들의 보편적인 경험이라고 말한다.

그러나 믿는 자는 그 어떤 상황에서라도 진리로부터 떨어질 수 없다! 물론 우리 모두는 스스로 죄를 범하지만 그렇다고 우리가 진흙에 머리를 박고 죄의 더러움으로 들어가 누워야 한다는 것을 의미하지 않는다. 성경은 승리가 가능하다고 증거한다. 사도 요한은;

"내 어린 자녀들아, 내가 이것을 너희에게 씀은 너희로 죄를 범하지 않게 하려 함이라."[요일 2:1]

또한 야고보는 그의 서신에서 우리가 어떻게 승리할 것인지를 가르친다:

"그런즉 너희는 하나님께 복종할지어다 마귀를 대적하라 그리하면 너희를 피하리라 하나님을 가까이하라 그리하면 너희를 가까이하시리라 죄인들아 손을 깨끗이 하라 두 마음을 품은 자들아 마음을 성결하게 하라"[약 4:7-8]

승리는 하나님께 총체적으로 복종함으로 시작한다. 만약 예수께서 우리의 삶의 주인이 아니라면, 쉽게 유혹을 이기기는 어려울 것이다. 우리가 하나님께 복종함으로 마귀를 대적할 수 있다. 마귀를 대적한다는 것은 하나님께서 우리에게 주신 무기를 가지고 그와 맞서는 것을 뜻한다.

그러므로 사탄을 이길 수 있는 우리의 주된 무기는 하나님의 말씀이다. 우리가 말씀을 갖고 그에게 맞설 때 사탄은 도망한다. 이러한 진리는 마태복음 4장에 예수 그리스도의 삶 안에 아름답게 묘사되어있다. 예수께서 광야에서 40일 주야를 금식하실 때, 사탄은 예수님께 찾아와서 유혹하였다;

 "네가 만일 하나님의 아들이면, 이 돌들로 떡덩이가 되게 하라"[마 4:3]

여기서 우리 주님은 우리가 행하기 원하는 것 곧 하나님의 말씀으로 마귀를 대적하는 방법을 가르치셨다.

 "기록되었으되, 사람이 떡으로만 살 것이 아니요, 오직 하나님의 입에서 나오는 모든 말씀으로 살 것이니라"[마 4:4]

또한 예수님은 사탄이 매번 유혹해 올 때마다 하나님의 말씀으로 대면하셨다. 그러므로 우리도 같은 방법을 택해야 한다. 만약 사탄이 당신의 과거 습관들로 돌아가도록 유혹한다면;

 "그런즉 누구든지 그리스도 안에 있으면 그는 새로운 창조물이라. 옛 것들은 지나갔으니, 보라, 모든 것이 새롭게 되었도다."[고후 5:17]

 "이와 같이 너희도 너희 자신을 죄에 대하여는 참으로 죽은 자요, 하나님께 대하여는 예수 그리스도 우리 [주]를 통해 산 자로 여길지어다"[롬 6:11]

"그러므로 너희는 죄가 너희의 죽을 몸 안에서 군림하지 못하게 하여 몸의 정욕 안에서 죄에게 순종하지 말고 이와 같이 너희도 너희 자신을 죄에 대하여는 죽은 자요 그리스도 예수 안에서 하나님께 대하여는 살아 있는 자로 여길지어다"[롬 6:12]

만약 사탄이 성적인 부도덕이나 하나님이 금하신 것으로 유혹한다면;

"도대체 무슨 말이냐? 너희 몸이 너희가 하나님에게서 받은바 너희 안에 계신 성령님의 전인 줄을 너희가 알지 못하느냐? 너희는 너희 자신의 것이 아니니 주께서 값을 치르고 너희를 사셨느니라. 그런즉 하나님의 것인 너희 몸과 너희 영으로 하나님께 영광을 돌리라.[고전 6:19,20]

이와 같이 실제적인 유혹에 대한 생각을 우리는 다윗의 지혜로운 선포에서 볼 수 있다;

"내가 주께 범죄하지 아니하려 하여 주의 말씀을 내 마음에 두었나이다"[시 119:11]

그러므로 우리가 암송하는 성구는 유혹을 직면할 때마다 위대한 자산이 된다. 기억하라:

"우리가 알거니와 우리의 옛 사람이 예수와 함께 십자가에 못 박힌 것은 죄의 몸이 죽어 다시는 우리가 죄에게 종 노릇 하지 아니하려 함이니"[롬 6:6]

"죄로부터 해방되어 의에게 종이 되었느니라"[롬 6:18]

"사람이 감당할 시험 밖에는 너희가 당한 것이 없나니 오직 하나님은 미쁘사 너희가 감당하지 못할 시험 당함을 허락하지 아니하시고 시험 당할 즈음에 또한 피할 길을 내사 너희로 능히 감당하게 하시느니라"[고전 10:13]

"그러므로 우리에게 큰 대제사장이 계시니 승천하신 이 곧 하나님의 아들 예수시라 우리가 믿는 도리를 굳게 잡을지어다 우리에게 있는 대제사장은 우리의 연약함을 동정하지 못하실 이가 아니요 모든 일에 우리와 똑같이 시험을 받으신 이로되 죄는 없으시니라 그러므로 우리는 긍휼하심을 받고 때를 따라 돕는 은혜를 얻기 위하여 은혜의 보좌 앞에 담대히 나아갈 것이니라"[히브리서 4:14-16]

"우리의 싸우는 병기는 육체에 속한 것이 아니요 오직 하나
님 앞에서 견고한 진을 파하는 강력이라 모든 이론을 파하
며 하나님 아는 것을 대적하여 높아진 것을 다 파하고 모든
생각을 사로잡아 그리스도에게 복종케 하니 너희의 복종이
온전히 될 때에 모든 복종치 않는 것을 벌하려고 예비하는
중에 있노라"[고후 10:4-6]

제5부

마귀에게 자리 주기
(Giving Place to The Devil)

"너희가 무슨 일에든지 누구를 용서하면 나도 그리하고 내가 만일 용서한 일이 있으면 용서한 그것은 너희를 위하여 그리스도 앞에서 한 것이니 이는 우리로 사탄에게 속지 않게 하려 함이라 우리는 그 계책을 알지 못하는 바가 아니로라"
[고린도후서 2:10-11]

"분을 내어도 죄를 짓지 말며 해가 지도록 분을 품지 말고 마귀에게 틈을 주지 말라"[에베소서 4:26-27]

쓴뿌리

사도 바울은 "사탄에게 기회"를 내어주는 매우 실제적인 위험에 대해 경고하고 있다. 분노와 용서 못함이 우리 삶을 사로잡게 하는 것. 오늘날 우리는 용서 못함과 쓴 뿌리의 영향을 전 세계 우리 주위에서 볼 수 있다. 국가 간의 갈등, 인종, 가족 그리고 교회 안에서까지 갈등이 있다. 성경에서 이러한 갈등들은 용서 못함과 쓴 뿌리의 이슈로 등장한다.

만일 누군가가 나에게 와서 앞으로 수년 후에는 당신과 함께 사역으로 섬기던 많은 사람들이 하나 둘씩 당신을 떠날 것이고 또 많은 사람들이 교회뿐 아니라 그들의 믿음에서까지 떠날 거라고 나에게 말했다면 나는 믿지 않았을 것이다.

또한 이런 일들은 '용서 못함과 쓴 뿌리'의 결과라고 말한다면 나는 상상도 하지 못했을 것이다. 그러나 나는 그것이 정확하게 내 앞에서 몇 년 동안 일어난 것을 보았다. 나는 오랜 세월동안 오랜 목회생활 속에서, 많은 사람들의 삶 속에 나타나는 사탄의 역사의 실제가 용서 못함과 쓴 뿌리라는 것을 몸소 겪어왔다.

크기와 상황은 다를지라도 이런 상황은 당신이 큰 믿음을 소유한 신자라고 해도 매우 가슴 아픈 일이다.

당신이 신뢰했던 사람이 당신을 배반할 것이며 당신이 사랑했던 사람이 당신을 미워할 것이며 거짓말을 하고 참소할 것이다. 슬픈 일이지만 이것이 인생살이며 때론 교회에서도 발생한다.

이러한 일들이 일어날 때, 사탄이 바로 커다란 승리를 외치고 있음을 확신하게 된다. 이런 일은 결코 놀라운 일이 아니다. 우리는 이런 일들이 성경에 기록된 하나님의 사람들의 삶 속에 일어난 한 형태임을 본다. 그 중에 가장 많이 생각나는 사례는 요셉과 다윗이다.

진정으로 사랑했고 신뢰했던 사람들이 그들을 배반했고, 요셉과 다윗은 감당할 수 없는 엄청난 상황들을 참아냈다. 그들에게 고통을 준 사람들은 함께 하나님의 종으로 불리던 자들이었다. 그들이 배반할 때에 하나님은 그 상황을 멈추거나 바로잡기 위해 아무 것도 하지 않는 것처럼 보였다.

요셉과 다윗에게 미움과 용서 못함과 쓴 뿌리에 굴복하려는 강한 유혹의 순간이 있었을 것으로 확신하지만 그들은 넘어지지 않았다. 그들은 하나님의 약속의 말씀을 붙잡고 고통과 인내를 감내하였다. 이제 요셉과 다윗이 겪었던 시련들을 면밀히 살펴보자.

요셉과 그의 형제들

요셉을 생각해 보자. 그의 형제들은 그를 시기했고 미워했고 실제로 죽이려 했다. 그런 중에 양심에 가책을 받은 형제 중 하나가 나서서 요셉을 죽이기 보다는 팔도록 설득하였다. 결국 요셉은 17세의 어린 나이에 그의 형제들로부터 팔려서 이스마엘 사람들의 노예가 되어 이집트 왕의 시중 보디발이라는 사람에게 팔려갔다.

보디발은 요셉에게 뭔가 특별한 지혜가 있음을 인지하였고 후일 요셉을 보디발의 집의 관리집사로 삼았다. 그러나 보디발의 아내는 요셉에게 심한 욕정을 느껴 시시때때로 접근하여 성적인 관계를 가지려 유혹했다.

요셉이 그녀의 유혹을 저항하자, 그녀는 거절당함의 분노가 치밀어 요셉이 자기를 강간하려 했다고 참소하여 결국 요셉은 감옥에 들어가고 옥 중에서 몇 년을 보내게 된다. 요셉이 노예로 팔려 이집트 감옥에서 석방되기까지의 고통의 시련은 13년이었다.

만약 요셉이 자기에게 위해한 사람들을 용서하지 못했다고 생각해 보라. 요셉이 쓴 뿌리를 가질 수 밖에 없었던 일들을 생각해보라. 형제들에게 배반, 보디발 아내의 거짓 참소, 억울한 감옥살이 그러나 무엇보다 고통스러웠던 것은 하나님께서 자신을 버리신 것처럼 보이는 상황이었다.

그러나 놀랍게도 요셉은 결코 원한의 쓴 뿌리를 품고 있지 않았다. 수 년 후에 형들이 그 앞에 엎드려 절했을 때, 그는 하나님께서 자신에게 보여주신 꿈의 성취임을 깨닫고 형제들을 아무 조건없이 용서해주었다. 모든 시련을 뒤돌아 보며 요셉은 그 형들에게 다음과 같이 말했다;

 "당신들은 나를 해하려 하였으나 하나님은 그것을 선으로 바꾸사 오늘과 같이 많은 백성의 생명을 구원하게 하시려 하셨나니 당신들은 두려워하지 마소서 내가 당신들과 당신들의 자녀를 기르리이다 하고 그들을 간곡한 말로 위로하였더라"[창 50:20,21]

요셉은 용서 못함과 쓴 뿌리의 유혹을 하나님의 주권 안에서 믿음으로 극복했다. 요셉은 그에게 일어난 모든 고통의 일들 속에서도 자신의 운명이 하나님의 손 안에서 있음을 볼 수 있는 능력이 있었다. 만일 우리가 사탄이 용서 못함과 쓴 뿌리를 통해 우리를 주도하려는 시도를 극복하길 소망한다면, 우리 또한 그와 같은 마음을 가져야 한다.

몇 년 전 요셉이 경험한 것과 유사한 어떤 일들이 내게도 있었던 것을 기억한다. 그래서 나는 쓴뿌리를 이길 수 있는 지혜를 얻기 위해서 요셉의 생애를 연구하기로 결심했다.

제임스 보이스는 그의 창세기 주석에서 요셉에 대해 다음과 같이 언급했다:

"그는 사랑을 받았고 미움도 받았으며, 호의를 받고 학대도 받았으며, 유혹도 받고 신뢰받았으며, 높임도 받고 또 낮아졌다. 그러나 110년의 요셉의 인생에서 경이로운 것은 한 시도 그의 눈이 하나님을 떠나거나 신뢰를 멈춘 적이 없었다. 고통의 역경이 그의 인격을 완악하게 하지 않았다. 그렇다고 삶의 영화로움이 그를 망치지 않았다. 그는 공적인 모습과 사적인 모습이 항시 같았다. 그는 진실로 위대한 사람이었다."[8]

나는 이 글을 통해서 요셉은 시련을 통해 더 나은 사람이 된 것을 발견했으며, 나 또한 하나님의 은혜로 요셉과 같은 사람이 되기로 결심했다. 그러므로 용서 못함과 쓴 뿌리가 당신을 삼키지 못하게 하라.

당신의 과거 상처들과 당신을 아프게 한 사람들을 하나님의 주권으로 바라 보라. 하나님은 우리에게도 동일하게 이해할 수 없는 일들이 일어나도록 허락하신다. 변함없는 그의 약속은 자기를 사랑하는 자들 속에서 항상 역사하신다는 것이다.

"하나님을 사랑하는 자 곧 그 뜻대로 부르심을 입은 자들에게는 모든 것이 합력하여 선을 이루느니라."[롬 8:28]

다윗과 사울

다윗 또한 자기 잘못 없이 사울의 시기의 대상이 된 또 다른 사례이다. 다윗의 이야기를 아는 사람들은 다윗이 사울에게 보복을 했다해도, 또한 사울이 적에게 죽임을 당했을 때에 기뻐했어도 된다고 이해할 것이다. 그러나 그는 그렇게 하지 않았다. 사울이 다윗을 죽이려 찾아 나섰을 때 다윗은 사울왕을 죽일 수 있는 우연한 기회가 두번 있었다.

그러나 다윗은 "오늘 여호와께서 굴에서 왕을 내 손에 붙이신 것을 왕이 아셨을 것이니이다 혹이 나를 권하여 왕을 죽이라 하였으나 내가 왕을 아껴 말하기를 나는 내 손을 들어 내 주를 해치 아니하리니 그는 여호와의 기름 부음을 받은 자가 됨이니라 하였나이다" (삼상 24:10) 진술하였다.

또한 후일 사울이 블레셋인들의 병사의 손에 죽임을 당한 소식을 들은 다윗은 통곡하며 다음과 같이 선포하였다

"사울과 요나단이 생전에 사랑스럽고 아름다운 자러니 죽을 때에도 서로 떠나지 아니하였도다 저희는 독수리보다 빠르고 사자보다 강하였도다 이스라엘 딸들아 사울을 슬퍼하여 울지어다 저가 붉은 옷으로 너희에게 화려하게 입혔고 금 노리개를 너희 옷에 채웠도다 오호라 두 용사가 전쟁 중에 엎드러졌도다 요나단이 너의 산 위에서 죽임을 당하였도다"[삼하 1:23-25]

다윗을 향한 사울의 시기와 다윗을 죽이려 했던 시도를 아는 사람들은, 다윗이 사울의 죽었다는 소식에 손뼉 치며 기뻐했을 수도 있었고 자신을 사울의 손에서 구원하신 주님을 찬양했을 수도 있었다고 생각할 수 있다.

그러나 다윗은 그렇게 반응하지 않았다. 그는 오히려 사울의 비극적인 결말에 대해 가슴 깊이 슬퍼했다. 어쩌면 다윗은 성경을 펼쳐 놓고 믿음의 조상 요셉을 통하여 시기와 모함과 굴욕의 고통에서 역사하시는 하나님의 용서와 은혜를 깨달았을 것이다.

한편 우리가 성경을 통해 알 수 있는 것은 다윗은 자신을 멸망시킬 수 있었던 용서 못함과 쓴 뿌리의 유혹을 능히 이겨낼 수 있었지만, 그 아들 압살롬의 경우는 그렇지 못했다는 것이다. 용서 못함, 쓴 뿌리로 인한 멸망이라는 압살롬의 이야기는 공의를 다루시는 하나님을 신뢰하지 못함에 대한 실패의 큰 교훈 중 하나이다.

성경은 압살롬의 실패의 이야기를 사무엘하 13장부터 19장에 이르기까지 길게 설명하였다. 그만큼 하나님의 사람들에게 용서 못함과 쓴뿌리의 결과가 얼마나 고통스럽고 두려운지를 깨우치기 위함일 것이다.

이 사건의 실마리는 압살롬의 여동생 다말을 강간한 이복형 암논에 대해 아버지 다윗이 엄격하게 다루지 못한 실패로 시작된다. 다윗이 암논의 악행을 들었을 때, 고통과 참을 수 없는 분노가 일어났지만 다윗은 암논에게 그 어떤 작은 처벌도 내리지 않는다. 하나님 앞에서 엄격한 믿음을 소유한 다윗이 자식을 다루는 일에 실패한 것은 과거 밧세바를 간음한 일에 대한 결과이다.

다윗은 아들 암논이 사랑하는 딸 다말을 강간한 죄를 다루지 않음으로 다말의 오빠 압살롬은 견딜 수 없었고 언젠가 기회가 되면 암논을 필히 죽일 것이라 맹세했다.

2년 후, 여동생 다말을 위해 복수할 압살롬의 음모가 실행되어 암논은 압살롬에 의해 살해된다. 그후 압살롬은 아버지의 노여움이 두려워 도피하여 가술 땅에서 3년을 지냈다.

사랑하는 아들 암논을 잃고 슬퍼했던 다윗이었지만, 그 일로 도망한 아들 압살롬을 그리워하여 결국 돌아오게 하였지만 그 마음에 용서하지 못함의 쓴뿌리로 인해 사랑하는 아들 압살롬의 얼굴을 보지 않았다.

다윗은 살인자 아들 압살롬과 화해는 하였지만 그것은 외적인 화해였다. 그 결과 압살롬은 자신을 용서하지 못한 아버지 다윗을 죽이기로 결심했다. 그러나 오히려 반역의 아들 압살롬이 죽임 당한다. 그때 아이러니하게도 다윗은 아들 압살롬 대신 자신이 죽기를 한탄한다.

이 이야기는 성경 역사 속에서 가장 마음 아픈 이야기 중 하나이다. 그러나 분명한 것은 고통과 비극의 원인은 다윗의 죄로 인한 것이었고 또한 용서함을 배우지 못한 압살롬의 쓴 뿌리의 결과였다.

이 사건은 우리에게 큰 교훈을 준다. 압살롬이 생각할 때 자신의 행위는 당연한 처사였다고 생각했겠지만, 그러나 그는 결국 빗나간 것을 선택했던 것이다. 압살롬은 다윗이 행한 일과 왕국의 잘못된 일들을 하나님께서 친히 하실 것이라는 것을 신뢰하지 못하고 스스로 그 일을 처리하므로 마귀의 덫에 걸려 결국 멸망하였다.

압살롬의 마음 속에 품은 미움과 용서 못함의 쓴뿌리가 오히려 자신을 소멸하게 한 것이다. 어쩌면 그는 자신의 생애에 일어난 모든 일은 "정당한 이유였다" 주장할 수 있겠지만 하나님의 공의로움에 이르지 못하였다.

(이와같이 우리의 커다란 실수는 내가 행하는 모든 일은 자신의 눈으로 보기에 모두 "정당한 이유"라고 생각하는데 있다!)

오랜 교회사 속에 수많은 압살롬들이 있었다. 사역에 몸 담았던 사람들, 그들은 교회의 리더들과 함께 친밀한 관계 속에서 하나님께서 하신 놀라운 일들의 "영광"을 공유하는 "특권"을 가졌었다. 그러나 그들은 거룩하다고 믿었던 교회 리더들의 육체적 행위가 드러날 때, 그들의 존경과 헌신을 적개심과 혐오로 바꾸어 버렸다.

그 결과 "의로움"이라는 명목으로 그들은 교회 리더들의 위선을 노출하고, 잘못된 것을 바로 잡기 위한 어떤 임무를 수행하지만, 결국 그들도 용서 못함과 쓴 뿌리의 망가짐으로 끝나 버린다.

이와 같이 오늘날 수많은 성도들은 목사와 교회 리더들이 성도들의 잘못에 대하여 용서할 수 없음을 정당화하고, 마음의 쓴뿌리를 품고있는 위선적 목회 태도에 상처받아 왔다. 이와같이 교회 역사 속에서 성도들은 불공평하게, 불친절하게, 불공정하게 대우받아 왔다. 이러한 목사들의 관행들은 정말 잘못된 것이다.

그들은 어떤 일에 자신들을 변호하고 발생된 문제들을 다루기 위해 오직 하나님을 신뢰하기 보다는 자신들의 방법으로 문제를 다루었다. 그것은 압살롬이 한 것과 같으며, 결국 그들도 스스로 멸망의 길로 달려 간 것이다.

- 그러므로 기억하라, 사탄은 자신이 우위를 차지하기 위해 그가 할 수 있는 모든 것을 서슴지 않고 할 것이다.
- 그러므로 당신은 용서 못함과 쓴 뿌리를 붙잡음으로 사탄에게 이득을 주지 말라.

히브리서 기자는 "너희는 돌아보아 하나님 은혜에 이르지 못하는 자가 있는가 두려워하고 또 쓴 뿌리가 나서 괴롭게 하고 많은 사람이 이로 말미암아 더러움을 입을까 두려워하라"(히 12:15)고 경고하였다.

부정적 결과는 둘 다 망한다

마음의 쓴뿌리는 영적으로, 감정적으로, 육체적으로도 문제를 야기한다. 그리고 다른 사람을 더럽힌다. 그러므로 쓴뿌리는 영적인 것이며 정신적 독약으로서 성경적으로 확실하게 다루지 않으면 당신과 당신 주변 사람들 모두를 멸망시킨다. 그러므로 당신의 용서하지 못함으로 인해 사탄이 당신에게 이득을 보지 못하게 하라.

바울은 "누가 누구에게 불만이 있거든 서로 용납하여 피차 용서하되 주께서 너희를 용서하신 것 같이 너희도 그리하고" (골로새서 3:13) 명령하였다.

예수님은 가장 불공정하게 희생당하신 분이심에도 불구하고 "우리를 대적하여 죄를 범하는 자를 용서하라" 가르치셨다. 그리고 자신을 십자가에 못박는 사람들을 위해 기도함으로써 그것이 어떤 의미인지 보여주셨다.

> "이에 예수께서 가라사대 아버지여 저희를 사하여 주옵소서 자기의 하는 것을 알지 못함이니이다"[눅 23:34]

제6부

하나님의 전신갑주(The Armor of God)

"그러므로 하나님의 전신 갑주를 취하라 이는 악한 날에 너희가 능히 대적하고 모든 일을 행한 후에 서기 위함이라 그런즉 서서 진리로 너희 허리 띠를 띠고 의의 호심경을 붙이고 평안의 복음이 준비한 것으로 신을 신고 모든 것 위에 믿음의 방패를 가지고 이로써 능히 악한 자의 모든 불화살을 소멸하고 구원의 투구와 성령의 검 곧 하나님의 말씀을 가지라" [에베소서 6:13-17]

하나님의 전신갑주는 무엇인가?

"그러므로 하나님의 전신 갑주를 취하라 이는 악한 날에 너희가 능히 대적하고 모든 일을 행한 후에 서기 위함이라 그런즉 서서 진리로 너희 허리 띠를 띠고 의의 호심경을 붙이고 평안의 복음이 준비한 것으로 신을 신고 모든 것 위에 믿음의 방패를 가지고 이로써 능히 악한 자의 모든 불화살을 소멸하고 구원의 투구와 성령의 검 곧 하나님의 말씀을 가지라"[에베소서 6:13-17]

전쟁에 임하는 모든 군인은 그들의 전쟁 무기에 대한 포괄적인 지식을 갖고 있어야 한다. 위 말씀에서 바울은 전쟁을 위해 완전 무장한 로마군인의 그림을 통하여, 하나님의 전신갑주의 다양한 부분들을 설명한다. 그러나 지금 당신은 고대 로마인에 의해 사용되었던 갑옷의 형태에 마음이 빼앗기기 보다는 그 갑옷들 뒤에 있는 메시지에 집중해야 할 것이다.

하나님의 전신갑주는 성경에서 발견되는 영적전쟁의 진리이다. 따라서 갑옷을 입는 것은 성경적 진리를 우리 삶에 적용하는 것이다. 또한 갑옷의 각 부분은 진리의 각기 다른 관점을 나타낸다. 그것은 우리가 하나님의 영광과 그의 나라가 오기를 바라며 살아갈 때, 우리 앞에 다가오는 원수의 공격으로부터 우리를 보호하는데 필수적이다.

진리의 허리띠, 의의 흉배, 평안의 신발, 믿음의 방패, 구원의 투구는 모두 방어 도구로서 영적 군사인 우리 입지를 잃어버리지 않고 서기 위한 것이다. 또한 성령의 검과 기도는 공격적인 무기이다. 우리는 먼저 방어적 관점의 갑옷을 살펴보고, 다음 장에서 공격적인 특징을 가진 검에 대하여 살펴 볼 것이다.

진리의 허리띠(Belt of Truth)

제일 먼저 허리 띠가 언급되었다. 이것은 갑옷의 중심적 기초이기 때문이다. 허리띠는 군인에게 유동성을 활발케 하며 자신을 단단하게 지탱해 준다. 우리에게는 진리의 허리띠가 그것이다. 하나님의 말씀의 진리들은 우리가 전쟁을 치를 기초가 된다.

진리로 허리를 매는 것은 진리를 알고 믿는 것을 의미한다. 마귀는 사람의 이성과 관습 그리고 개인적 카리스마나 인간의 어떤 수단들로 흔들리지 않는다. 오직 하나님의 진리만으로 우리 생각과 삶을 조성해야 한다. 이는 우리가 거짓으로 가득한 세상에 살고 있음을 있고 있기 때문이다. 그러나 오늘날은 진리를 얻기가 어찌 어려운지 참으로 안타깝다.

당신은 신문이나 TV 뉴스에서 들은 모든 것을 믿는가? 그러지 않길 바란다. 그 이유는 우리는 모두 "가짜 뉴스"의 시대에 살고 있기 때문이다. 그럼에도 불행하게 많은 사람들에게 하나님의 진리는 삶의 우선 순위가 아니다. 국가가 국민들에게 주는 일상적인 속임수는 말할 것도 없고, 우리는 일상에서 기업인과 정치인과 종교 지도자들의 부도덕함을 매일 목격하고 있다.

이와 같이 우리는 실제로 진정한 진리의 컨셉이 도전받는 시대에 살고 있으며, 일상 속에서 공개적으로 부정당하고 있다. 최근 옥스퍼드 사전에 올라온 올해의 단어는 "후기진리"(post-truth)였다. 이것은 본질적으로 사실에 근간을 둔 진리가 아닌 감정을 기초로한 진리를 뜻한다. 이러한 허망한 시점까지 오게 된 것은 정말로 믿을 수 없는 일이다.

이러한 실상은 크리스천 남녀가 진리의 사람이 되어야 하는 것이 얼마나 중요하고 의미심장한 일인가를 알려 주는 계기이다. 그러므로 진리의 허리 띠를 차는 것은 진리를 아는 것과 또한 우리 스스로가 진리의 존재가 되는 것을 뜻한다. 그를 위해서는 먼저 우리 가운데에는 거짓이나 속임이 전혀 없어야 할 것이다.

의의 흉배(Breastplate of Righteousness)

이제 우리는 의의 흉배에 대하여 살펴보자. 말할 것도 없이 흉배는 중요한 기관을 보호한다. 곧 심장, 폐, 콩팥, 간이다. 오래 전부터 사람들은 이 기관들을 감정의 자리라고 믿었다. 그래서 슬픔을 말할 때는 "깨어진 심장", 동정심을 표현할 때는 "자비의 비장들" 이라고 인용했다. 이와 같이 흉배는 우리의 감정의 부분을 보호하는 것이다.

여기서 바울은 의로움의 흉배라고 정의했다. 그 이유는 사탄은 자주 의로움에 대한 우리 감정을 공격하기 때문이다. 이미 앞에서 우리는 정죄에 대해 살펴 보았지만, 정죄감이 우리를 압도할 때 하나님이 우리를 대적하신다는 느낌을 갖게 된다. 그러므로 그리스도의 의로움을 우리가 소유한 것에 대한 교리를 이해하는 것이 첫 번째 방어이다. 이 교리적 지식은 성경을 통해 얻어진다.

"하나님이 죄를 알지도 못하신 이를 우리를 대신하여 죄로 삼으신 것은 우리로 하여금 그 안에서 하나님의 의가 되게 하려 하심이라"[고후 5:21]

"이는 그가 사랑하시는 자 안에서 우리를 영접하셨으니"[엡 1:6]

"그 안에서 발견되려 함이니 내가 가진 의는 율법에서 난 것이 아니요 오직 그리스도를 믿음으로 말미암은 것이니 곧 믿음으로 하나님께로부터 난 의라"[빌 3:9]

바울은 그리스도로 인한 의로움을 언급하는데, 의의 흉배를 입을 것을 요구했다. 다른 의미로 의의 흉배를 입는 것은 의로움을 실천하는 것을 뜻한다. 거룩한 삶은 마귀가 우리를 괴롭히는 일을 더 어렵게 만든다. 그러므로 우리가 바르게 사는 것, 선을 행하는 것, 하나님의 계명을 순종하는 것은 원수의 공격에 대항하는 확실한 보증이 될 것이다.

평안의 신발(Boots of Peace)

우리는 평안의 복음의 예비됨으로 신을 신어야 한다. 로마 군인은 전쟁에서 보호와 갈등의 상황에서 요동치 않도록 설 수 있게 하는 튼튼한 신발을 신는다. 또한 발에 꼭 맞는 신발은 자신감을 준다. 그처럼 하나님의 평안은 전쟁에서 우리에게 보호와 자신감을 준다. 또한 낙심과 절망에서 우리를 보호하는 것이 하나님의 평안이다. 그러므로 평안의 복음을 예비함으로 신발을 신는 것은 복음을 전할 준비성을 뜻한다.

- 우리가 매일의 삶을 살면서 직장이나 공동체나 혹은 여행 중에 하나님의 백성으로 어디를 가든지 우리는 복음을 전함에 준비되어야 한다!
- 당신은 복음을 아는가?
- 복음으로 소통할 수 있는가?
- 하나님의 말씀을 배우는 것이 얼마나 중요한 지를 아는가?
- 성경의 진리는 자신의 이익 뿐 아니라 다른 이에게도 유익하다.

그러므로 사도 베드로도 이와 같이 말한다:

"너희 마음에 그리스도를 주로 삼아 거룩하게 하고 너희 속에 있는 소망에 관한 이유를 묻는 자에게는 대답할 것을 항상 준비하되"[벧전 3:15]

믿음의 방패(Shield of Faith)

지금까지 우리는 진리의 허리띠와 의의 흉배 그리고 평안의 신을 살펴 보았다. 이제 우리는 믿음의 방패에 대해 공부하자. 여기서 언급한 특별한 방패는 군인이 방패 뒤에 완전히 숨을 수 있는 거대한 것이다.

이 방패는 원수가 쏘는 연속적 화살로부터 철저하게 보호한다. 전장에서 불화살의 폭격을 받을 때 로마군인들의 방패가 절대 필요인 것 같이 우리 크리스천에게는 믿음의 방패가 절대적이다.

믿음의 방패는 성질과 성격, 사랑과 하나님의 약속에 대한 활동적인 신뢰이다. 모든 것은 하나님의 말씀을 통해 알게 된다. 우리는 결코 사탄의 불화살의 범주 밖으로 나갈 수 없다. 그러나 절대 믿음의 방패는 그 불화살을 소멸시킨다. 그들이 아무리 불화살을 쏘아대도 화살만 소모할 뿐이다. 그가 악하고 잔인하고 지혜로울지라도 우리는 한결같이 믿음을 통해 오직 하나님을 신뢰함으로 그의 지략을 이길 수 있다.

구원의 투구(Helmet of Salvation)

방어 장비의 마지막 우리가 갖추어야 할 필수 장비는 구원의 투구이다. 이 투구는 구원의 확신을 공격하는 것으로부터 우리의 생각을 보호한다.

사탄은 우리가 하나님을 위해 충분히 행하지 않는 것을 참소하여, 우리 구원의 확실성에 의문을 갖게 한다. 그러므로 은혜로만 구원을 받는 성경적 교리를 이해하고 적용하는 것은 확실한 보증 곧 구원의 투구를 쓰는 중요한 요소이다. 그러므로 기억하라:

"너희는 그 은혜에 의하여 믿음으로 말미암아 구원을 받았으니 이것은 너희에게서 난 것이 아니요 하나님의 선물이라 행위에서 난 것이 아니니 이는 누구든지 자랑하지 못하게 함이라"[엡 2:8,9]

"우리를 구원하시되 우리가 행한 바 의로운 행위로 말미암지 아니하고 오직 그의 긍휼하심을 따라 중생의 씻음과 성령의 새롭게 하심으로 하셨나니"[딛 3:5a]

나는 구원의 투구의 또 다른 관점이 있다고 생각한다. 데살로니가서에서 바울은 구원의 소망을 투구로 쓰도록 권면했다(데살로니가전서 5:8). 이것은 에베소서에서도 같은 개념이다. 그것은 실질적으로 크리스천에게 이 악한 세상으로부터 영광스럽게 구원받아 하늘로 옮겨지는 때가 오고 있음을 뜻한다. 그러므로 바울은 우리 미래의 소망을 우리 생각의 맨 앞에 두길 원했다. 그것을 얻는 것이 정말로 힘든 것이라고 할지라도 끝이 있다.

언젠가 그 싸움은 끝이 날 것이며, 우리는 우리 위대한 왕이신 구원자와 함께 말할 수 없는 영광의 왕국에 영원히 정착하게 될 것이다. 그것을 기억하라, 그리고 그 생각에 박차를 가하라!

성령의 검(Sword of the Spirit)

전신갑주의 유일한 공격적인 무기는 에베소서 6장 마지막에 언급되었다. 이는 성령의 검, 곧 하나님의 말씀이다. 이것은 하나님의 말씀으로 곧 성경이다. 이것은 양날 가진 어떤 검보다 예리하다. 또한 이것은 하나님의 지혜이며 하나님의 능력이다.

그러므로 성경은 각 사람의 이성과 양심에 적용되며, 또한 성경은 진리의 능력뿐 아니라 신성의 권위를 동시에 가지고 있다. 모든 비

진리의 반대이며, 거짓된 모든 철학과 도덕의 모든 잘못된 원리의 반대이며, 악의 모든 오류, 마귀의 모든 제안들의 반대할 수 있는 유일하고, 단순하고, 충분한 대답은 오직 하나님의 말씀뿐이다.

하나님의 말씀은 어둠의 모든 능력들을 좇아낸다. 또한 하나님의 말씀의 능력은 교회 모임뿐 아니라 크리스천 개인에게도 접근할 수 있다. 그러므로 죄와 오류들에 대한 모든 승리는 하나님의 말씀에 의해 영향 받는다.

오직 하나님의 말씀을 사용하여 모든 일에서 그것에 의존하면, 우리는 계속 정복할 수 있다. 그러나 어떤 논증이나 과학과 관습과 사람의 가르침이 그 자리를 차지하도록 허락하고 그 역할을 공유하면 교회와 크리스천은 대적 원수에게 빌미를 제공하는 것이 된다.[9]

- 성경은 성령의 검이다.
- 검의 역할이 무엇인가?
- 검은 자신을 보호하고, 또 적을 공격할 수 있다.

하나님의 말씀은 성령이 교회를 보호하시도록 하는 무기이며, 하나님의 적들을 무찌르고, 그의 나라가 임하게 하는 무기이다. 그런 관계로 사탄이 지혜로운 전략가가 되어 하나님의 말씀을 공격하는 것이다.

그동안 사탄은 교회의 손에서 검을 떨어뜨리게 하여 많은 교회를 성공적으로 넘어뜨렸다. 그러기 위해 사탄은 끊임없이 성경을 공격해 왔다.

많은 크리스천이 성경에 자신감을 잃었고, 영향력에서 무기 없는 군인이 되었다. 무기가 없을 때 용사는 무엇을 할 수 있는가? 도망뿐이다.

이것이 오늘날 많은 교회들의 비극적인 이야기이다. 앞으로 나아가는 것 대신에 오히려 교회는 뒷걸음질 치고 있다. 살아계신 하나님의 영원한 말씀을 담대하게 선포하기 보다, 많은 교회들이 두려움과 불확실함에 휩싸여서 움추리고 있다.

성경의 진리 위에 굳건히 서지 못하고, 많은 교회들이 사람의 지혜를 신뢰하고 그리스도의 적으로 확정된 자들을 인정하려 한다. 그러므로 바울은 우리가 하나님의 말씀인 성령의 검을 굳게 잡아야 한다고 말한다. 그것만이 우리에게 승리를 확증할 수 있기 때문이다.

바울이 성령의 검 하나님의 "말씀"을 언급할 때 그는 헬라어 '레마'를 사용하였다. 우리에게 '레마'는 '로고스' 보다 친숙하지는 않지만 레마는 "말함"을 언급하는 문맥에서 특정한 구절에 의미를 둔 단어이다.

바울은 '레마'라는 헬라어를 사용함으로써 마귀를 대적해서 효과적으로 사용하기 위한 특별한 수단으로 하나님의 '말씀'(레마)을 취하여야 함을 강조한다.

바울은 사랑하는 제자 디모데에게 보내는 편지에서도 '레마'라는 단어를 사용하여 "네가 진리의 말씀을 옳게 분변하며 부끄러울 것이 없는 일군으로 인정된 자로 자신을 하나님 앞에 드리기를 힘쓰라" 권고했다(디모데후서 2:15).

이와 같이 '레마'의 개념은 하나님으로부터 받은 합당한 말씀을 주어진 상황에 맞게 가져오는 역할을 한다. 그러므로 바울의 메시지는 예수님의 지상명령이 무엇인지를 정확하게 인지하게 한다.

우리는 이미 그리스도와 사탄 사이의 광야에서 대면한 것을 살펴 보았고, 예수께서 하나님의 말씀으로 어떻게 사탄을 대적했는지 보았다.

주님의 사역 전반에 걸쳐서 주님은 바리새인과 서기관을 다루실 때도 같은 방법으로 다루셨다. 모든 상황에서 주님은 성령의 검을 기술 좋게 사용하셔서서 마귀의 입을 막으셨다.

마태복음 21장의 기록된 상황을 예를 들면, 유대교 지도자들은 아이들이 예수님을 향해 "메시아"라고 외치는 것을 용인한 것에 화가 났다. 이 때 예수님은 너희는 "어린 아기와 젖먹이들의 입에서 나오는 찬미를 온전케 하셨나이다 함을 너희가 읽어 본 일이 없느냐" (마태복음 21:16)고 시편의 말씀으로 책망 하셨다.

또한 사두개인들이 부활의 때에 자식을 얻지 못하고 죽은 맏형의 후사를 잇기 위해 여섯 형제들과 관계를 맺었으나 모두 후사를 얻지 못하고 죽고, 여인도 죽었다면 부활의 날에 그녀는 누구의 아내가 되겠느냐고 부활의 논쟁을 벌렸다.

이때 예수님은 그들을 향하여 "너희가 성경도, 하나님의 능력도 알지 못하는 고로 오해하였도다 부활 때에는 장가도 아니가고 시집도 아니가고 하늘에 있는 천사들과 같으니라"(마 22:29-30) 말씀하셨다

그리고 계속하여 출애굽기 3장 말씀을 인용하여 "죽은 자의 부활을 논할진대 하나님이 너희에게 말씀하신 바 나는 아브라함의 하나님이요 이삭의 하나님이요 야곱의 하나님이로라 하신 것을 읽어 보지 못하였느냐 하나님은 죽은 자의 하나님이 아니요 산 자의 하나님이시니라"(마 22:31,32) 답변하셨다.

또한 바리새인들이 그리스도는 다윗의 자손이어야 함을 주장할 때

에 "사람들이 어찌하여 그리스도를 다윗의 자손이라 하느냐 시편에 다윗이 친히 말하였으되 주께서 내 주께 이르시되 내가 네 원수를 네 발의 발등상으로 둘 때까지 내 우편에 앉았으라 하셨도다 하였느니라 그런즉 다윗이 그리스도를 주라 칭하였으니 어찌 그의 자손이 되겠느뇨"(눅 20:41-44) 시편 말씀을 들어 반문하셨다.

이러한 성경의 실제는 우리 구원의 대장 예수께서 어떻게 성령의 검을 효과적으로 사용하셨는지를 단면적으로 가르치시는 말씀이다. 그러므로 우리도 영적 싸움에서 온전한 승리를 얻기 위해 진리의 말씀을 옳게 나누고 적용하는 일꾼이 되도록 공부하여야 한다. (디모데후서 2:15)

그 이유는 성령의 검을 효과적으로 사용하기 위한 우리의 능력은 성경의 지식에 의존하기 때문이다. 성경에 대한 지식은 읽는 것, 묵상하는 것, 공부하고 암송하는 것으로 능력이 한층 증가할 것이다. 그러면 우리가 어떻게 성경 말씀에 접근할 것인지에 대하여 살펴보자.

말씀 읽기(Reading)

 성경 읽기는 가장 단순하고 평범한 말씀으로의 첫 번째 접근이다. 가장 좋은 방법은 창세기로 시작해서 요한계시록까지 순서대로 읽는 것이다.

성경을 읽는 중에 성령은 서서히 그리고 확실하게 우리를 재설정해서 그리스도 중심의 세계관을 창조하신다. 따라서 지속적으로 성경을 읽는 것을 통해, 성령에 의해 영적으로 접근하도록 훈련된다. 그렇게 주님은 그리스도의 생각을 우리에게 부여하신다.

나는 아침과 잠자기 전에 성경 읽는 것을 좋아한다. 하루를 정리하는 훌륭한 방법이다. 매일 아침 저녁, 한 시간을 정상 속도로 읽음으로 일 년이 되기 전 성경 전체를 읽을 수 있다. 한 번 다 읽으면 창세기로 다시 시작한다. 기록된 말씀을 더 알면 알 수록 우리 가운데 살아있는 말씀되신 예수 그리스도를 더 알게 될 것이다.

말씀 묵상(Meditation)

묵상은 성경 말씀으로 나아가는 또 다른 접근이다. 물론 묵상은 읽기를 포함하지만 보다 분석적인 접근이라고 할 수 있다. 묵상이라는 단어는 "숙고하다" 는 뜻이다. 따라서 묵상은 스스로에게 말하는 것을 의미하며 말씀과의 교제를 뜻한다.

다시 말해서 말씀을 생각하고 그것을 우리 스스로에게 이야기하는 것이다. 그러므로 멋지게 읽는 것과 묵상은 다르다 왜냐하면 더 많은 시간과 집중이 필요하기 때문이다.

성경 구절을 묵상할 때, 나는 그것으로 기도하고 동시에 나에게 질문한다;

- 누구에게 이걸 쓴 걸까?
- 그건 무엇을 말하는 걸까?
- 그것을 어떻게 나에게 적용할까?
- 이 구절과 관계된 다른 성구는 무엇일까?

묵상할 때 나는 보통 펜과 노트를 준비하는데 그것은 주께서 내 마음과 생각에 감동 주시는 어떤 것이 떠 오르면 적기 위함이다. 그러므로 나에게 묵상의 시간은 이른 아침이 가장 좋다. 각 사람마다 다르겠지만 나는 신약을 선호한다. 또한 자신에게 가장 좋은 시간을 찾아야 한다.

- 말씀을 묵상할 수 있을 만큼 시간을 사용하라.
- 그것을 우선순위로 하라!

다윗은 묵상을 통해 우리에게 주신 축복의 약속에대하여 다음과 같이 증거하였다;

"여호와의 율법을 즐거워하여 그 율법을 주야로 묵상하는도다 저는 시냇가에 심은 나무가 시절을 좇아 과실을 맺으며 그 잎사귀가 마르지 아니함 같으니 그 행사가 다 형통하리로다"[시편 1:2,3]

말씀 공부(Study)

우리가 성경을 공부해야 하는 이유는 모든 크리스천은 하나님의 말씀을 배워야 하기 때문이다. 말씀을 읽고 묵상하는 것과 말씀을 공부하는 것의 차이점은 성경공부를 위한 어떤 도움되는 자료를 사용하는 것이다. 여기서의 자료란 성구사전, 성경 사전, 성경 핸드북, 헬라어와 히브리어 단어 연구, 믿음의 교부들이 기록한 주석과 같은 것이다. 이 도구들은 성경을 이해하는데 매우 유용하다.

만일 어떤 상황적 이유로 이런 자료가 당신에게 없다면 가장 좋은 성경공부 방법은 성경말씀의 은사를 받은 성경 교사를 찾는 것이다. 요즘에는 인터넷이나 스마트폰을 통해서 당신에게 합당한 성경 교사의 설교나 자료들을 얻을 수 있다.

어떤 방식으로든 당신에게 유익한 최선의 선택을 찾아 성경공부를 일상적인 생활로 만들라. 그렇게 함으로 당신은 완전한 하나님의 전신갑주를 갖추게 될 것이다.

말씀 암송(Memorization)

나의 마지막 조언은 성구 암송이다. 암송하기 위해 시간을 할애하고 노력하는 헌신생활은 당신이 하나님의 전신갑주를 입는 중요한 과정 중에 하나이다.

사도 요한은 그의 첫번째 서신에서 젊은 우리 믿는 자들이 하나님의 말씀으로 마귀를 이길 수 있는 방법을 말했다.

"아이들아 내가 너희에게 쓴 것은 너희가 아버지를 알았음이요 아비들아 내가 너희에게 쓴 것은 너희가 태초부터 계신 이를 알았음이요 청년들아 내가 너희에게 쓴 것은 너희가 강하고 하나님의 말씀이 너희 속에 거하시고 너희가 흉악한 자를 이기었음이라"[요일 2:14]

그러므로 성경을 암송하는 것보다 하나님의 말씀을 당신 안에 거하게 하는 더 좋은 방법은 없다. 그를 위해서 당신에게 가장 힘을 주는 성구를 반복적으로 읽기 시작해야 한다.

필요하다면 종이에 적고 매일 여러 번 그것이 당신 기억의 일부가 될 때까지 읽어야 한다. 그렇게 할 때 당신은 주께서 주신 어떤 특정한 구절들이 당신의 영적인 무기 창고의 강력한 자원인 것을 스스로 발견하게 될 것이다.

제7부

싸움에 적합(Fit for The Fight)

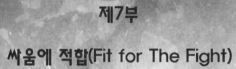

"모든 기도와 간구로 하되 무시로 성령 안에서 기도하고 이를 위하여 깨어 구하기를 항상 힘쓰며 여러 성도를 위하여 구하고" [엡 6:18]

기술과 파워

우리가 하나님의 전신갑주를 취하므로 그리스도의 용사는 전쟁을 위해 완전히 무장하였다. 그러나 그것으로 완벽하지 않다. 완전한 승리를 위해서는 두 가지 요소가 반드시 필요하다. 그것은 곧 기술과 파워이다.

설혹 군인이 가장 좋은 무기를 갖추었다 해도 기술과 파워가 부족하면 승리를 확신하기 어렵다. 신체적 적합성과 정신적 준비는 이 땅에서의 싸움을 위하는 것이라면, 크리스천 용사에게 반드시 필요한 것은 기도이다.

전쟁의 승리는 나에게 있는 것이 아니라 하나님으로부터 오기 때문이다. 그러므로 기도는 크리스천 용사의 무장의 마지막 부분이다. 기도는 전쟁에 임하는 크리스천 용사의 승리의 보장이다. 성경은 기도를 위한 권면으로 가득하다:

"기도에 항상 힘쓰며"[롬 12:12]
"기도를 계속하고 기도에 감사함으로 깨어 있으라"[골 4:2]
"쉬지 말고 기도하라"[살전 5:17]

기도는 매우 중대하다. 우리 영적 전쟁의 승리에 필수이다. 그러나 우리는 이 사실을 자주 잊어버린다. 기도를 부정하는 것은 현대 교회와 신자의 연약함을 이루는 주요 요인 중 하나이다.

많은 성도들과 교회들이 많은 일들을 행하지만 그러나 먼저 기도가 필요하다. 그럼에도 우리는 기도의 중요성에 대해 이해하는데서 실패했다.

앞에서 언급한 존 번연은 13년을 감옥에서 복음설교를 하였다. 그는 설교에서 "기도 한 후에는 기도 이상의 것을 할 수 있지만, 기도하기 전까지는 기도 이상의 것을 할 수 없다."는 말을 자주 인용했다.

스펄전은 설교에서 빌립보서 1장 19절의 "이것이 너희의 간구와 예수 그리스도의 성령의 도우심으로 나를 구원에 이르게 할 줄 아는 고로" 말씀을 인용하여 "내 마음에 이보다 더 큰 책망은 없다. 그 이유는 내 옆에서 성령께서 도우시는 기도가 가장 효과적인 영적 조력자이기 때문이다… 이는 내가 기도 없이 사는 것은, 먹거나 숨 쉬는 것 없이 사는 것과 같다고 생각할 수 있다"고 증거했다.

나는 하나님께서 우리에게도 동일한 책망을 주시길 소망한다.

바울은 에베소서 6장 18절에서 "모든 기도와 간구로 하되 무시로 성령 안에서 기도하고 이를 위하여 깨어 구하기를 항상 힘쓰며 여러 성도를 위하여 구하고"라고 권고하였다.

바울은 여기서 우리에게 영적전쟁과 관련해서 다음과 같은 5가지 기도의 방법을 가르친다.

항상 기도(Pray Always)

먼저 항상 기도하라고 하였다. 이것은 하루 일과 중에 반복해서 우리 마음을 하나님께 드리고 그분 앞에 우리가 직면한 문제들을 보고하는 것이다.

존 웨슬리는 "쉬지 말고 기도하라" 는 명령을 성취하는 한 사람을 묘사했다. 어떤 상황에서도 그의 마음을 모든 시간, 모든 장소에서 하나님 앞에 드린다. 그 속에서 그는 어떤 방해도 받지 않고, 다른 사람에게도 방해되지 않는다. 회사에서, 퇴근 후 여가시간, 혹은 사람들과의 대화 중에서도 그의 마음은 항상 주와 함께 한다. 누워있든지, 서 있든지, 그의 생각 속에 하나님이 항상 계시다.

그는 항상 하나님과 함께 걸으며 그분께 고정된 사랑의 눈을 가지며 모든 상황에서 "보이지 않는 그분을 보고 있다"[10] 이것이 바로 바울이 항상 기도하라는 의미이다.

성령 안에서 기도(Pray in the Spirit)

다음으로 우리는 성령 안에서 기도해야 한다. 이것은 기도가 성령에 의해 인도받는 것을 의미한다. 우리가 성령 안에서 기도함을 확실히 하는 방법은 우리가 기도할 때 성령의 도우심을 구하는 것이다.

기도가 성령님에 의해 능력을 받는 것보다 더 경이롭고 감동되는 것은 없다. 그 순간 마음은 열정적이 되며, 생각이 선명하며, 모든 생각이 정리된다. 찬양과 간구 그리고 중보가 자유롭게 넘나들며, 몇 시간을 기도하지만 잠깐의 시간이 흐른 것처럼 느껴진다.

성령 안에서 기도하기를 구하라. 기도를 시작하기 전에 주께서 인도해 주시기를 구하는 시간을 가지라. 이러한 종류의 기도가 위대한 모험과 위대한 믿음을 세우게 되는 것을 발견할 것이다.

중국 선교의 디렉터였던 오스왈드 샌더스는 성령의 인도하시는 기도에 대해 "하나님께서 우리 마음에 무거운 짐을 놓으시고 우리로 계속 기도하게 하신다면, 하나님은 분명히 그 기도에 응답하신다."라고 말했다.[11]

조지 뮬러(George Mueller)는 50년 이상 기도해 온 두 사람이 회심할 것이라고 정말로 믿었는지 질문을 받았을 때 "하나님께서 저들을 구원하지 않으려 하셨다면, 수 년간 나로 기도하게 하셨을 것이라고 생각하십니까?"[12] 라고 반문했다. 이것이 성령의 인도하시는 기도이다.

깨어 기도하기(Watchful in Prayer)

성령으로 기도하기 다음의 권면은 깨어 기도하는 것이다. 이는 정신을 차리고, 방어막을 치고, 주의를 기울이고 기도로 항상 전쟁할 준비를 하라는 말씀이다.

- 주께서 나아가시는가 기도하라!
- 원수가 공격하는가 기도하라!
- 동료 용사가 넘어졌는가 기도하라!
- 밤새워 기도하라!
- 기도의 동료를 구하라!
- 기도! 기도! 기도하라!

인내로 기도하기(Perseverance in Prayer)

깨어 기도를 하려면 당연히 인내가 필요하다. 혹시 어떤 기도를 하면서 누구도 듣지 않는다는 느낌을 받아 본 적이 있는가? 계속 반복하여 주님께 요청을 드려도 대답이 없었다면 당신은 그러한 때에 무엇을 하는가?

 대부분의 사람들은 기도를 중단하고 포기하려 할 것이다. 그러나 그러지 말기 바란다.

우리는 기도에 즉각적인 응답이 없을 때, 포기하려 한다. 바로 그 때 우리의 인내가 필요하다. 예수님은 우리가 항상 기도하고 낙망하지 않도록 권고하기 위해, 불의한 재판관이 자신의 청원을 들어 줄 때까지 외친 과부의 비유로 말씀하셨다(누가복음 18:1-8).

효과적인 기도는 마라톤을 달리는 것과 같다. 견디는 것이 열쇠이다. 이와 관련해서 예수님이 주신 놀라운 약속을 기억하는가?

"구하라 그리하면 너희에게 주실 것이요 찾으라, 그리하면 찾을 것이요 두드리라 그리하면 열릴 것이니"[마 7:7]

대부분 사람들이 깨닫지 못하는 것은 이 말씀은 조건적 약속이라는 것이며 그 조건은 인내라는 것이다. 우리가 이것을 놓쳐버린 이유 중 하나는 잘못된 번역 때문이다. 이 문장을 헬라어로 읽으면 "계속 구하고 계속 찾고 계속 두드리라" 이다.

그럼에도 우리는 인내의 조건을 갖지 못해서 기도 응답에 실패하는가? 우리가 기도에 인내하지 못하는 가장 큰 핑계 중 하나는 예수께서 사도들에게 말씀하신 "마음에는 원이로되 육신이 약하도다" (마태복음 26:41)이다. 마음은 가지고 있지만 육신이 약하니 어쩔 수 없다고 말한다.

그러나 우리가 기도에 인내하는 것은 헌신과 훈계와 자기 희생이 요구된다. 죠지 뮬러가 두 명의 불신자 친구의 구원을 위해 55년 동안 기도하면서 포기하고 싶었던 일이 없었을 것이라고 생각하는가? 그도 사람인지라 사람의 인내는 한계가 있다. 그러나 그는 기도에 헌신했다.

이와 같이 우리도 하나님의 역사가 활발하여, 원수가 정복당하고 한 사람의 영혼들이 그리스도께 향하는 것을 기대한다면 인내의 기도로 헌신해야 한다.

이사야 선지자는 우리가 성취할 인내의 기도에 대하여 다음과 같이 증거했다;

 "너희 여호와로 기억하시게 하는 자들아 너희는 쉬지 말며 또 여호와께서 예루살렘을 세워 세상에서 찬송을 받게 하시기까지 그로 쉬지 못하시게 하라"[사 62:6,7]

모든 성도를 위한 간구(Supplication for All the Saints)

에베소서 6장 18절의 기도에 대한 마지막 권면은 모든 성도를 위한 간구이다. 하나님의 사람들을 위해 기도하는 것은 우리가 소유한 특권이기 때문이다.

혹시 당신은 사역을 찾고 있는가? 혹시 주를 섬기길 소망하지만, 부르심을 발견하지 못했는가? 그렇다면 모든 성도를 위한 간구로 그 나라를 위한 일을 삼아라. 또한 교회를 위해 기도하라.

당신의 목사와 진정으로 주를 섬기는 목사들을 위해 기도하라. 그리스도의 복음을 위해 기도하라. 선교사로 주를 섬기는 자를 위해 기도하라.

어떤 방식으로든 그리스도의 몸을 섬기는 하나님의 모든 종들을 위해 기도하라. 매일 일터로 나가는 하나님의 자녀들이 성령으로 충만하길 또한 기도하라. 그들이 세상의 빛이 되고 땅의 소금이 되기를 기도하라.

하나님의 자녀들 중 아프고 고통 받는 자를 위해 기도하라. 모든 성도를 위한 간구함을 통해 당신의 도시의 경계를 결코 떠나지 않고 전 세계 사역을 가질 수 있다.

너무 많은 사람들이 기도의 능력을 과소평가한다. 하나님은 평범한 사람들의 기도를 사용하셔서 그들의 집에서 중대한 기도의 효과가 나타나 하나님의 사역을 복되게 하신다.

기도의 능력에 대한 놀라운 사례는 허드슨 테일러의 간증에서 증명되는데 그는 중국의 선교사이며 중국선교의 창립자이다.

몇 년 전 중국 내륙 선교사역 가운데 나타난 하나님의 놀라운 은혜의 보고가 사람들의 큰 관심을 불러 일으켰다. 회심자의 수와 회심자들의 영적인 상황이 다른 선교지역의 선교사들의 헌신보다 훨씬 월등했다.

이와 같은 놀라운 영혼의 추수는 영국을 방문한 허드슨 테일러가 감추어진 기도의 비밀을 발견하기 전까지 미스테리였다.

테일러 선교사의 간증이 끝날 무렵, 한 사람이 단상 앞으로 나왔다. 테일러 선교사는 그와의 대화 속에서 그가 복음을 전한 선교지에 대해 남다른 지식을 가진 것에 놀라게 되었다. 테일러는 그에게 물었다;

"당신은 그 사역의 상황에 대해 어떻게 그렇게 밝으신가요?"

그는 다음과 같이 말했다;

"아, 네.. 그곳의 선교사와 나는 오래된 대학 동기입니다. 그래서 수년간 우리는 규칙적으로 편지를 주고 받았습니다. 그는 나에게 상담한 사람과 회심한 사람들의 이름을 보내왔고, 나는 그 사람들을

위해 매일 하나님께 기도를 드렸습니다." 그의 증언으로 효과적인 선교의 비밀이 열렸다.[13]

- 기도하는 사람!
- 합리적인 기도!
- 매일 매일의 기도!
- 이렇게 기도는 한 사람, 한 사람을 "영적으로 적합하게" 하는 위대한 영적 훈련이다.

고린도후서 2장 11절을 보면 바울은 고린도인들에게 쓴 편지에서 그는 사탄의 계책을 무시하지 않는다고 증거했으며, 또한 우리가 사탄의 계책을 무시할 수도 있다고 했다.

그것이 오늘 내가 이 책을 쓴 의도이기도 하다. 원수의 성격과 술책을 드러내는 것 뿐 아니라, 그를 이기도록 하나님께서 주신 승리를 소유하도록 안내하는 것이다.

우리는 지금까지 사탄의 왕국 뿐 아니라 이 세상에서의 그의 활동과 하나님의 사람들을 향한 공격까지 살펴 보았다. 비록 그가 간사하고, 지혜롭고, 나름대로 강력한 무장을 하였지만 하나님의 전신 갑주로 확고히 하고, 기도를 통해 영적으로 무장한 크리스천에게는 무능력하다.

이러한 성경적 진리에 대한 이해는, 우리가 배운 매일의 믿음의 행보에 적용하지 않으면 아무 쓸모가 없다. 또한 하나님의 말씀의 영적인 원리들은 성령의 능력을 통해서만 행해질 수 있다.

그의 성령으로 가득 채워주시고 승리로 인도하시길 하나님께 구하여야 한다. 그러면 우리는 그분께서 모든 것을 하실 것을 확신할 수 있다.

바울은 사탄과의 영적전쟁에서 하나님의 전신갑주의 절대 필요성을 언급한 후 우리에게 에베소서의 말씀으로 힘을 더하고 있다.

"종말로 너희가 주 안에서와 그 힘의 능력으로 강건하여지고" [엡 6:10]

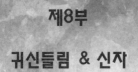

제8부

귀신들림 & 신자

"거역하는 자를 온유함으로 징계할지니 혹 하나님이 저희에게 회개함을 주사 진리를 알게 하실까 하며 저희로 깨어 마귀의 올무에서 벗어나 하나님께 사로잡힌바 되어 그 뜻을 좇게 하실까 함이라" [디모데후서 2:25,26]

잘못된 영적 주제

우리는 강단에서 영적전쟁의 주제를 다룰 때, 종종 "과연 크리스천이 귀신들릴 수 있나?"라는 질문들을 받게 된다. "크리스천이 귀신들릴 수 있나?" 이에 대한 나의 대답은 "아니오" 이다. 그러나 이 문제는 좀 더 자세한 설명이 필요하다. 왜냐하면 오늘날 영적 은사주의 교파들과 일부 교회에 이 가르침이 널리 퍼져있고, 이런 잘못된 교리는 갈수록 널리 퍼져 가고 있다.

크리스천이 귀신들릴 수 있다고 하는 잘못된 믿음의 근거는 일반적으로 그러한 믿음을 취하는 사람들에게서 경험된다. 그들이 알고 있는 신자 중에 귀신들렸다고 생각하는 사람이 있기 때문이다.

대부분 그런 믿음을 갖고 있는 사람들은 교회 목사나 전도자 혹은 선교사를 통해 크리스천이면서 귀신들린 사람에 대해 들었기 때문이다. 그러나 그들에게 어떻게 그 사람이 귀신들린 것인 줄 아느냐고 물었을 때, 그들은 거의 다 기괴한 행동과 이상한 목소리를 보고 들었다고 설명하는데 그러면 그 사람이 예수 그리스도의 신자인 것을 어떻게 아느냐고 물을 때 기괴한 말과 행동을 하는 그 사람이 예수를 믿는다고 말했다고 증거한다.

몇 년 전 나는 귀신들렸었다고 하는 어떤 자매를 만났는데 그 자매는 교회에서 행한 축사행위를 통해 구출되었다고 말했다. 그 자매는 나에게 자신은 수년간 믿는 신자였음은 분명했지만 자신도 모르는 사이에 오랫동안 귀신들렸다고 말했다.

나는 그녀에게 당신이 진정한 크리스천이었다면 귀신들릴 수 없다고 성경 말씀을 통해 가르쳤고 자매의 경험이 무엇이었든지 간에 그것은 귀신들림에서 구출된 것은 아니라고 말하였다. 그러나 그녀는 나의 견해가 틀렸다고 주장하며 자신의 믿음에 대하여 내가 그렇게 말할 권리가 없다고 분개까지 했다.

왜냐하면 그녀는 자신이 몸소 귀신들림을 경험했기 때문이라 말했다. 이와 같이 앞에서 내가 앞에서 언급한 것처럼, 보편적으로 크리스천이 귀신들릴 수 있다고 말하는 것의 기초는 그 사람들의 경험에서 기인한다. 그러나 개인적인 경험은 영적인 것과 전혀 다른 길로 인도될 위험이 매우 크다.

또한 나는 정신질환으로 고통 받는 사람에게 귀신을 내쫓으려고 시도한 사람들을 보았다. 이것은 완전히 비성경적인 행위이다. 만일 그 사람이 정신질환 환자라면 그에게는 정신과 의료 행위가 필요한 것이지, 귀신축사가 필요한 것이 아니기 때문이다. 오히려 그에게 행하는 축사행위는 그의 영적 생활에 해를 끼치게 된다. 대부분 이러한 경험은 성경의 권위와 진리의 지혜에 항상 문제를 제기한다.

귀신들림이란 무슨 의미인가?

때로 어떤 이들은 성경으로 자신들의 사례를 주장하려 하고, 귀신들린 신자들을 예로 보여 주려고 애쓴다. 그들은 성경을 펴고 사울왕의 예를 들기도 하고(삼상 16:14), 또 귀신들린 어린 아들을 예수께 데려온 아버지의 일을 말하기도 한다(눅 9:37-42). 더 나아가 그들은 사도행전 5장에 기록된 아나니아와 삽비라의 이야기도 꺼낸다.

그러므로 우리는 이러한 사례들에 대해 정확히 답변하기 위해서 먼저 무엇이 귀신들림인지 성경적 정의를 가질 필요가 있다. 사도들이 그 주제를 언급할 때 사용된 헬라어는 "귀신들림"(demonized_마귀화 됨)이라는 형태로 번역되었다.

이 형태는 가능성의 전체 영역을 묘사해서, 악령의 압박 곧 안에서부터 완전히 제압당하는 것을 말한다. 사도들이 보편적으로 말하는 귀신이 내재한다는 것은 마귀에게 완전히 지배당한다는 개념이다. 그러므로 이제 크리스천이 귀신 들릴 수 있다고 주장하는 이유로 자주 거론되는 세 가지 예를 살펴보자.

사울 왕의 경우

첫째, 사울은 신약성경이 묘사하는 감각으로 보면 그는 크리스천이라고 간주될 수 없다. 크리스천은 예수그리스도를 믿어 성령이 내주하는 사람을 뜻한다. 그러나 그 믿음의 실천은 그리스도의 죽음과 부활이 이루어지기 전까지 존재하지 않는다. 물론 사울은 하나님을 믿는 자였고 기름부음을 받아 예언도 하고 하나님 백성의 통치자가 되었다.

그러나 그가 나중 시점에 성령의 지배를 받고 있었는가 생각해 보아야 한다. 물론 나는 그렇지 않다고 생각한다. 분명한 것은 사울은 확실히 악한 영에 지배 받았고 그 이유는 하나님께 불순종하고 더 나아가 반역했기 때문이다. 그러므로 기름부음 받은 사울에게 필요한 것은 귀신축사가 아니라 하나님 앞에서의 회개였다.

귀신들린 아이의 경우

누가복음 9장에 소개된 이 아이가 크리스천이라고 볼 수 있는 근거가 전혀없다. 명백한 것은 그의 아버지는 유대인이었지만, 그러나 우리가 기억할 것은 예수님의 때에 많은 유대인들은 주변의 이교도 신앙에 빠져 있었고 그 결과 이교도적 행위 속에 역사하는 마귀의 권세에 자신들을 열어 주었다.

또한 우리는 이 아이가 어떻게 귀신들렸는지 알 수 없지만, 예수님과 아비의 대화 속에서 아이가 어떤 환경 속에서 귀신들림에 접촉한 것처럼 보인다. 왜냐하면 주께서 언제부터 그러했냐는 물음에 아비는 어려서부터 그랬다고 했기 때문이다. 그러나 분명한 것은 귀신들린 아들을 도와 달라는 그 아비의 요청에 예수님은 '믿는 자에게는 능치 못함이 없다'고 말씀하셨고 그 아이의 아비는 '믿겠습니다. 믿음 없는 것을 도와 주소서' 간청하였다.

이것으로 보아 그 아비와 아이는 예수 그리스도를 영접하지 않았던 때이므로 크리스천이 아니다. 그러므로 마귀가 들어 갈 수 있었던 것이다. 또한 우리가 기억할 것은 아직 그때는 예수님의 죽음과 부활 이전이므로 마귀의 역사가 왕성할 때이다.

아나니아와 삽비라의 경우

물론 이 두 사람은 예수를 영접한 신자였다. 그들은 초대교회 출석 신자였기 때문이다. 그러므로 분명한 것은 그들은 귀신들리지 않았다. 믿는 자에게는 성령이 내주하고 계시기 때문이다. 그러나 그들은 교회 안에서 유명해지려는 교만한 마음 때문에 사탄에 유혹되어 성령께 거짓말하도록 스스로 굴복되었다.

베드로는 그들에게 "사탄이 너희의 마음에 가득했다"(사도행전 5:3) 책망 하였다. 그럼에도 이 부분을 인용하여 크리스천이 귀신들릴 수 있다는 가능성을 말하는 사람들은 사탄이 그들 마음에 거주했다고 말하기도 한다. 그러나 이 말씀은 사탄이 그들에게 악한 생각을 넣은 것을 용납한 것이지 그들에게 귀신이 들어간 것은 절대 아니다.

성령이 거하시는 성전

크리스천이 귀신들릴 수 있다고 말하는 사람들, 다시 말해 마귀가 내주하고 사탄에게 조종당한다고 믿는 자들에 의해 항상 간과되는 성경의 진리가 있다. 그것은 크리스천은 성령이 내주하신다는 진리이다(고전6:19).

그러므로 창조자 되신 하나님의 성령이 거하는 곳에 피조물인 악한 마귀의 영이 동시에 존재할 수 없는 것이다. 그것은 불가능한 것이다. 그것은 빛과 어둠이 공존한다는 말과도 같다.

물론 아직 사탄은 세상에 존재한다. 그러나 사도 요한은 "너희 안에 계신 이가 세상에 있는 자보다 크심이라"(요한일서 4:4) 증거하였다. 이 증거는 변할 수 없는 성경의 진리이다. 이와 같이 분명한 것은 창조자이신 하나님의 영이 예수 그리스도를 믿는 우리 안에 계신다.

바울은 크리스천은 성령의 전임을 여러 번 증거하였다;

"너희 몸은 너희가 하나님께로부터 받은바 너희 가운데 계신 성령의 전인 줄을 알지 못하느냐 너희는 너희 자신의 것이 아니라"[고전 6:19]

"너희 안에 계신 그리스도시니 곧 영광의 소망이니라"[골 1:27]

이와 같은 말씀들은 그리스도께서 당신을 소유하셨음을 뜻한다. 그러므로 악한 자가 믿는 자를 절대 소유할 수 없다. 사도 요한은 그의 첫 번째 서신에서 이 부분에 대하여 직설적으로 증거했다.

"하나님께로부터 나신 자가 그를 지키시매 악한 자가 그를 만지지도 못하느니라. 또 아는 것은 우리는 하나님께 속하고 온 세상은 악한 자 안에 처

한 것이며"[요일 5:18,19]

여기 18절의 '만지다' 의 헬라어 "haptomai"는 문자적으로 "소유하다"를 뜻한다. 이와 같이 사도 요한은 하나님으로부터 난 자들은 사탄이 소유할 수 없다고 명백하게 선언하였다.

또한 19절에 신자와 세상에 있는 자들의 대조를 주목해 보라. 신자는 하나님의 것, 곧 하나님께 속하며 하나님의 소유이다. 그러나 세상과 불신자는 악한 자의 지배하에 있다. 이와 같이 복음의 진리는 명백하다. 그러므로 분명한 것은 크리스천은 하나님의 소유이며 성령께서 그들 안에 내주하시고 사탄은 그들을 소유할 수 없다.

신약에 증거가 없다

대부분의 사람들이 귀신들림은 매우 심각한 문제라는 것에 동의한다. 그러므로 귀신들림이 크리스천에게 가능한 것이라면, 신자들이 어떻게 살아야 할 것을 훈련하고 가르치는 사도들의 서신서 곧 로마서부터 유다서 중 어느 곳에서라도 귀신들림의 상황을 어떻게 다루어야 하는지에 대한 분명한 가르침이나 지시가 있었을 것이다.

그러나 신약은 그 주제에 대한 어떤 지침을 명시하지 않았다. 이것이 신자들이 마귀에 들릴 수 없다는 확실한 증거이다. 다시 말하자면 만약 크리스천이 귀신들릴 수 있다면, 성경은 그것을 어떻게 분별하고 다루는 지에 대한 분명한 가르침과 지침이 있어야 한다.

육체의 죄를 인식하기

그러면 어떤 크리스천이 자신 혹은 다른 사람이 귀신들린 것이라고 생각하는 것은 어떻게 설명할 것인가? 그것은 첫째로 그가 육체의 죄를 인식하는데 실패하여 죄가 그의 삶을 지배한 것이다.

나는 믿는 자들이 정욕의 영, 술과 약물의 영, 식탐의 영에 대해 이야기하는 것을 들은 적이 있다. 그들이 말하는 그러한 류의 목록은 매우 많다. 그러나 그들의 개념은 어떤 이가 그것과 갈등하고 있다든가, 그들이 다양한 악한 영들에 의한 강한 지배를 당하고 있다는 개념이다.

사실 그것은 육체의 소욕들이므로 그 해결책은 축사의식이 아닌 죄에 대한 회개를 통하여 성령이 역사하도록 해야 하는 믿음의 문제이다. 그러므로 예수를 믿는 자들에 대한 확실한 해결책은 그들이 더 이상 육체의 정욕을 따르지 말고 성령을 따르게 하는 것이다(갈라디아서 5:16-25).

마귀의 유혹은 크리스천이라면 누구나 다 경험할 수 있는 것이다. 때로 이것은 신자의 죄와도 관계된다. 만약 그런 경우라면 그는 속히 하나님 앞에 죄의 자백과 회개를 하고 말씀에 순종하는 삶을 사는 것이 승리의 수단이다.

그러나 우리가 살펴본 것처럼, 마귀적인 압박은 항상 죄로 기인하는 것만은 아니다. 때로 그것은 단순히 우리 믿음이나 그리스도를 섬김에 대한 효력을 약하게 하려는 사탄의 시도로도 비롯된다.

그런 상황을 대비하여 우리 믿는 자들은 반드시 하나님의 전신갑주를 입음으로 악한 자를 이길 수 있다. 다시 말하지만 크리스천이 귀신들릴 수 있다는 잘못된 가르침은 성경 그 어디에서도 볼 수 없다. 그러므로 우리는 마귀에 대한 교리를 배울 필요가 있다.

제9부

마귀에 대한 교리

"그러나 성령이 밝히 말씀하시기를 후일에 어떤 사람들이 믿음에서 떠나 미혹케 하는 영과 귀신의 가르침을 좇으리라 하셨으니" [디모데전서 4:1]

거짓교리

영적전쟁에 대한 연구에서 마귀가 거짓 교리의 영감을 주고 그것을 증진시킨다는 내용이 없다면 그 연구는 불완전한 것이다. 바울은 디모데에게 쓴 그의 서신에서 '마지막 날에 어떤 이들은 믿음에서 떠날 것'이라 하였고 '미혹하는 영과 귀신의 교리에 대해 주의하라' 강조했다(디모데전서 4:1).

이 주제는 이미 앞에서 다루었던 내용이지만, 중요한 내용이므로 마귀가 왜곡하고 훼손하려는 주된 성경적 진리가 무엇인지 다시 살펴보자. 오늘날까지 지속되고 있는 사탄이 반대하는 주요 세 가지 교리는 성경의 권위와 영감에 반대하고, 예수 그리스도의 사역과 인격을 반대하고, 믿음을 통한 은혜의 구원 교리를 반대하는 것이다.

첫째, '성경의 영감과 권위의 도전'

 "여호와 하나님의 지으신 들짐승 중에 뱀이 가장 간교하더라 뱀이 여자에게 물어 가로되 하나님이 참으로 너희더러 동산 모든 나무의 실과를 먹지 말라 하시더냐"[창 3:1]

이와 같은 에덴동산의 강의실에서 승리를 거둔 사탄의 교리는 아직도 신학교와 교회에서 여전히 울리고 있다. 사탄은 하나님의 말씀을 공격하는데 매우 포악하다.

언제 어디서든 만약 당신에게 성경말씀에 의문을 제기하고, 세상 철학과 대조시키든가, 부분적으로 부정케 한다면 당신 마음에 사탄이 역사하고 있음을 알아야 할 것이다.

그의 궁극적인 목표는 당신에게서 하나님의 말씀에 대한 신뢰를 완전히 제거하는 것이다. 다시 말해서 성경의 말씀을 신뢰하거나 순종하지 못하게 하는 것이다.

그는 항상 하나님의 말씀에 대한 간교한 제안과 뻔뻔한 부정을 통해서 그 일을 실천한다. 사탄은 에덴동산에서 하와에게 그는 하나님께서 말씀하신 것에 대해 간교한 의문을 던졌다:

"하나님께서 정말 그렇게 말씀하셨냐?"

그 다음 하와의 반응을 보고 뻔뻔하고 천연덕스럽게 하나님께서 '그 열매를 먹으면 정녕 죽을 것'이라고 하신 말씀을 부정한다:

"네가 정녕 죽지 아니하리라"[창 3:4]

이러한 마귀의 계략은 수천년이 지난 지금도 변하지 않았다. 오늘날에도 똑같은 것을 한다. 저명한 신학교 출신의 신학자이건, 유명한 복음주의 지도자이건, 재능 있는 예술가 혹은 학자 또는 교회의 목사나 상담자이건 간에, 그 누구라도 '성경은 하나님의 감동이 아니며 조금도 틀린 부분이 없는 것은 아니다'라는 견해를 말하거나 가르친다면 그는 하나님의 말씀 곧 성경의 권위를 떨어뜨리는 마귀의 술사이다.

둘째, '그리스도의 인격과 사역의 훼방'

사탄이 사람들의 생각에 영적으로 영향을 주는지 아닌지 확실히 알수 있는 첫 번째 방법은 예수 그리스도에 대한 개념을 시험하는 것이다. 성경은 예수 그리스도가 사람으로서 이 세상에 오셨지만 그는 하나님의 아들이시며, 아버지 하나님과 성령 하나님과 동등하시고 영원하신 분이라 명백하게 기록하였다.

성경은 예수님은 거룩한 성삼위의 두 번째 인격이심을 증거한다. 그러나 이 땅의 모든 종교들은 그리스도의 완전한 신성을 부정한다. 유대교는 예수님에 관련해서 예수는 신이 아니라고 말하지 않으면 유대교 신자가 될 수 없다.

이슬람은 예수를 한 선지자로 보며, 힌두교는 수만의 신 중 하나가 현현한 것이라고 간주하고, 불교는 예수를 "깨달은 자"의 한 사람으로 본다. 이와 같이 세상 신들(종교와 철학)은 예수 그리스도의 존재가 "말씀이 육신이 된" (요한복음 1:14) 성경적 교리를 완강히 거절한다.

또한 크리스천 이단들 곧 여호와의 증인과 몰몬교, 크리스천 사이언스도 다른 이교들과 마찬가지이다. 여호와의 증인에게 예수님은 인간으로 표출된 천사장 미가엘이며, 여호와 하나님과는 비교할 수 없는 아주 미약한 피조물이라고 정의한다.

몰몬교도에게 예수님은 루시퍼의 영적 형제이며, 크리스천 사이언스 교도들에게 예수님은 메시아의 영이 침례를 통해 임한 사람이지만 그의 영은 십자가 위에서 소멸되었다고 주장한다.

또한 이들이 예수 그리스도의 인격을 부정하는 주요 쟁점은 항상 하나님의 아들 그리스도의 사역을 부정하는 것과 복음의 진리를 왜곡하는 것이 전제되고 있다. 이단들과 세상의 종교들은 예수 그리스도의 십자가에서의 죽음으로는 사람의 죄를 대속하는데 충분치 않다고 말한다.

그들은 사람의 영혼을 구원하기 위해서는 반드시 그리스도의 희생에 그 무엇인가를 더해야 한다고 주장한다. 이것은 오직 믿음을 통한 은혜만으로 되는 성경적 구원의 교리에 대한 사탄의 훼방의 핵심이다.

셋째, '오직 믿음의 은혜로의 구원을 부정'

"그러나 성령이 밝히 말씀하시기를 후일에 어떤 사람들이 믿음에서 떠나 미혹케 하는 영과 귀신의 가르침을 좇으리라 하셨으니 자기 양심이 화인 맞아서 외식함으로 거짓말하는 자들이라 혼인을 금하고 식물을 폐하라 할 터이나 식물은 하나님이 지으신 바니 믿는 자들과 진리를 아는 자들이 감사함으로 받을 것이니라"[딤전 4:1-3]

여기서 바울이 증거한 "귀신의 교리들"은 매우 흥미롭다. 여기서 바울이 혼인을 금하는 것과 어떤 음식을 금하라 명하는 것을 사탄에 의해 설정된 교리라고 증거한다.

그 이유는 그런 류의 사람들은 결혼하지 않음으로, 또 어떤 음식을 먹지 않으므로 더욱 거룩해져서 하나님께 가까이 나아갈 수 있다고 주장하고 있기 때문이다.

이러한 교리들은 오직 믿음을 통한 은혜만으로의 구원을 부정하는 것으로, 바울은 그러한 가르침은 귀신의 교리를 바탕으로 한 것이라고 증거했다. 그 이유는 그러한 종류의 가르침이 궁극적인 핵심은 하나님의 유일한 아들 예수 그리스도의 희생이 우리 죄를 위한 대속으로 불충분하다고 주장하기 때문이다.

이와 같이 십자가 위에서 모든 것을 이루신 그리스도의 사역에 무엇인가를 더하려는 사람들은 그들이 얼마나 사역에 성실하던지 상관없이 마귀적으로 왜곡된 메시지를 확산하고 있는 것이다.

결론적으로 귀신의 교리라는 범주에 들어갈 수 있는 종교와 철학과 사회 학문은 걷잡을 수 없을 정도로 확산되고 있으며, 이미 앞에서 언급한 것처럼 많은 사람들이 사탄적 이슈에 대해 세부적으로 연구하고 발표를 일삼고 있다.

그러므로 오늘날 우리 교회의 절대 필요는 그들이 중요하게 다루고 있는 이단적 세 가지 핵심교리에 대하여 어떻게 방어해야 할 것인가에 대한 성경적 대응이 매우 시급하다.

참고: 거짓종교와 이단교리의 자료 www.alwaysbeready.com

참고서적들

[1]Lewis, C.S. Screwtape Letters(San Francisco, CA: HarperCollins, 2001), p. IX.

[2]For more information on religious beliefs, go to BArna Research Online (www.barna.org).

[3]Bunyan, John. Grace Abounding to the Chief of Sinners (www.gutenberg.org/files/654/654-h.htm), accessed April 9, 2015.

[4]Spurgeon, C.H. (November 17, 1861). "The Roaring Lion" (www.spurgeongems.org/vols7-9/chs419.pdf), accessed April 9, 2015)

[5]Spurgeon, C.H. (January 8, 1860). "The King's Highway Opened and Cleared" (www.spurgeon.org/sermons0293.htm), accessed April 9, 2015.

[6]Spurgeon, C.H. (May 20, 1866). "Joy and Peace in Believing" (www.spurgeongems.org/vols10-12/chs692.pdf), accessed April 9, 2015)

[7]Phillips, John. Exploring Ephesians & Philippians (grand Rapids, MI: Kregel Publications, 1993), p.196-197.

[8]Boice, James Montgomery. Genesis, An Expository Commentary, Volume 3 (Ada, MI:Baker Books, 2006).

[9]Hodge, Charles, Ephesians (Carlisle, PA; Banner of Truth, 1988), p.287.

[10]Wesley, John. The Character of a Methodist (http:www.umcmission.org/Find-Resources/John-Wesley-Sermons/The-Wesleys-and-Their-Times/The-Character-of-a-Methodist), accesssed April 10, 2015.

[11]Sanders, J. Oswald. Spiritual Leadership (Chicago, IL: Moody Press, 2007).

[12]Ibid.

[13]Bounds, E. M. E. M. Bounds on Prayer (New Kengingto, PA: Whitaker House, 1997).

갈보리 채플 권장도서

응답받는 기도생활
척 스미스 저 / 이요나 감역

우리의 기도는 절대적 믿음의 신뢰 속에서 하나님의 능력
이 방출되게 하는 것이다. 갈보리채플 부흥의 역사는 아주
작은 신념의 기도로부터 시작되었다. 이 책은 크리스천들
이 왜 실패하는 가에 대한 해답과 어떻게 성공적인 삶을 살
수 있는가에 대한 기도생활의 비결을 깨닫게 한다.

계시의 봉인을 떼라
척 스미스, 데이빗 웜비시 공저 / 이요나 감역

언젠가부터 교회 안에 "계시록을 멀리하라 계시록은 봉한
책이므로 절대로 이해할 수 없다"는 소문들이 퍼지기 시작
했다. 그러나 분명한 것은 종말의 날이 우리 앞에 다가오고
있다는 것이다. 갈보리채플 척 스미스 목사의 계시록 강해
는 오랜 목회생활 속에서 연구하고 깨달은 것을 이해하기
쉽게 정리한 것으로, 이제 이 땅에 일어날 일들을 대처하는
지혜를 제공한다.

영적전쟁의 실체
브라이언 브로더슨 저 / 이요나 감역

인류 역사의 어두움이 절정에 가까워질수록 영적전쟁은 더
욱 명백해 진다. 이 전쟁은 단지 철학적 감각의 선과 악의 전
쟁이 아니라, 이 땅의 그리스도인들과 마귀와의 전쟁이다.
[영적전쟁의 비밀]은 사탄 문화권의 젊은이들을 복음의 승
리로 이끌어낸 갈보리채플 척 스미스 목사의 후계자 브라
이언 목사가 제언하는 영적전쟁의 승리의 비결이다.

성경적 상담 권장도서

동성애 상담사례 - 거기 누구 없소 나 아픈데
이요나 저

'동성애', 누구든지 이 사슬에 얽히면 스스로 그 멍에를 끊고 나올 장사가 없다. 이 육체의 족쇄는 자극의 원리를 상실한 채, 머리와 꼬리가 뒤엉켜버려 풀어질 수 없는 수억의 뱀 더미와도 같다. 또한, 이들은 브레이크 끊어진 고속열차 같아서 죄가 차기까지는 결코 세미한 음성을 듣지 못한다. 그러나 당신이 동성애로부터 벗어나고자 하는 의지와 믿음을 가졌다면 이 책은 당신을 예수 그리스도의 구원의 은혜로 인도할 것이다.

커밍아웃 어게인 - 진리 그리고 자유
이요나 저

<Comin Out Again>은 한국 최초의 게이바 열애클럽을 운영하며, 43년간 동성애자의 애증의 삶을 살던 탈동성애인 권운동 이요나 대표의 동성애 해법 교과서이다. 만약 당신의 아들, 형제, 친구가 동성애자인 것을 알았을 때 당신은 어떤 도움을 줄 수 있을 것인가? 또한 동성애는 죄라고 설교하는 당신은 동성애자 신자를 어떻게 구원할 것이며, 당신의 학교, 교회, 그리고 당신의 안방까지 유혹해 오는 동성애의 손길을 어떻게 대처할 것인가?

성경적 상담 매거진
홀리북스 / 년 4회 발간

<성경적 상담 매거진>은 목양현장에서 발견된 인생의 역경과 유혹들을 어떻게 성경적 관점으로 대면하고, 또 어떻게 승리의 길로 인도할 수 있는지에 대한 성경적 원리를 제시하여, 모든 성도들이 성경적 상담의 역할을 할 수 있도록 준비시키게 있다. (구독문의 070-7565-3535)

브라이언 브로더슨 목사에 대하여

브라이언 브로더슨(Brian Brodersen)은 1981년 목회사역을 시작했다. 그는 캘리포니아 비스타 갈보리채플 담임으로 시작하여 갈보리채플 웨스트민스터, 그리고 영국 런던 갈보리채플에서 담임으로 섬겼다.

그는 현재 척 스미스 목사 후계자로 갈보리채플 코스타메사를 섬기는 도전적인 성경강해 설교자이다. 갈보리채플 바이블 칼리지 총학장인 브라이언은 선교와 교회개척으로 세계선교를 위한 다양한 부분으로 활동하고 있다. 브라이언은 아내 새럴과 4명의 자녀와 5명의 손자가 있다.